Leber Suppe.

Die Leber wird fein gehackt, Mehl in Butter hell geröstet, kommt die Leber hinein wird dann gerösted mit Fleischbrühe zur Hälfte aufgegossen u. läßt solches 1 Std. kochen treibt es durch füllt's mit Fleischbrühe auf bis es genug ist.

Grünkern Suppe

Grünkern wird gemahlen dann in Butter angedämpft (aber nicht schleimig.) Nachdem dann aufgegossen ist u. ungefähr 1½ bis 2 Std. den richtet man sie mit Ei u. saurem Rahme u. gehackter Petersilien an.

Rainsuppe

Ein Paar Eßlöffel Mehl 2 Eier mit Milch ver- quirlt, dann mit Klein aufgegossen solches mit Zimt kochen lassen. Man muß jedoch oben

HJALMAR HARTENFELS

Pfälzer Schlemmer-Brevier

HJALMAR HARTENFELS

Pfälzer Schlemmer-Brevier

Von Land und Leuten –
Speis und Trank der Südlichen Weinstrasse

VERLAG D. MEININGER

1983
Herausgeber Südliche Weinstrasse eV Landau
Grafik Manfred Fischer, Schlangenbad
Zeichnungen Eberhard Grillparzer, Ludwigshafen
Fotos Signum, Landau
(Rebsortenabbildungen vom Verlag)
Herstellung und Copyright
D. Meininger Verlag und Druckerei GmbH, Neustadt
ISBN 3-87524-030-8

Auf ein Wort

Nicht bierernst – sondern weinfröhlich möchte ich Ihnen etwas über Land und Leute, Speis und Trank der Pfalz erzählen. Vor allem über Speis und Trank. Denn Essen und Trinken gehören nun einmal zu den animalischen Genüssen, die das Leben allein schon lebenswert machen. Und für einen Pfälzer allemal!

Woher stammt denn sonst die philosophische Erkenntnis: Ein Mann ohne Bauch ist ein Krüppel!? Oder: Wenn der Pfälzer nicht ißt, dann trinkt er!? Oder nach opulentem Gelage: Ich wollt' mein Buckel wär' auch noch Bauch!

Ein Hundsfott und Philister, wer ob solch freimütiger Bekenntnis die Nase rümpft. Heißt das denn etwas anderes als in der schöngeistigen Formulierung: Essen und Trinken hält Leib und Seele zusammen!? Soviel zur persönlichen Rechtfertigung.

Doch wir müssen auch die Pfalz beleuchten, den Herrgottswinkel deutscher Lande, das gutversteckte, unentdeckte Fleckchen Paradies. Und – notabene – das schier unergründliche Wesen der Pfälzer. Sowohl in säuberlich gesetzten Zeilen – wie auch dazwischen. Dann erst, und nur dann, wenn man eine Ahnung von dieser ebenso skurrilen wie liebenswerten Spezies Mensch hat, vermag man Brauch und Sitte, Speis und Trank des Landes und seiner Menschen zu begreifen. Und nur dann vermag man sich selbst in lebensbejahender Fröhlichkeit und ohne Skrupel den hier gepriesenen Genüssen hinzugeben.

Ein Wort zum Ursprung der Rezepte. Zweifelnd begehrte der Verleger Peter Meininger zu wissen, ob denn der Pfälzer Ursprung der Rezepte auch authentisch sei! Die Frage entsprach eher verlegerischer Verantwortung als ungetrübtem Pfälzer Selbstbewußtsein. Doch da er mich mit Geld gezwungen hat, zu schreiben, muß ich dazu in typisch pfälzischer Bescheidenheit Stellung nehmen:

Sie werden es nicht für möglich halten, aber wir haben handfeste Beweise dafür, daß die Ur-ur-Küche abendländischer Kultur in der südlichen Pfalz gestanden hat! Wahrscheinlich in der Nähe von Edenkoben. Nicht in Paris! Nicht in Neapel! Nicht in Gelsenkirchen! Nein, – hier, an der Deutschen Weinstraße in der Pfalz wurden – was Knochen- und Gerätefunde eindeutig beweisen – die allerersten Spanferkel geröstet, die ersten Suppen aus Grumbeeren (Kartoffeln) und die allerersten Pizzas, Schaschlik-Spießchen und Nasi-goreng's bereitet.

Jedoch: Die Weltoffenheit der Pfälzer Menschen, ihre Reiselust und ihr Wandertrieb waren schuld daran, daß unsere Hausmannskost in ferne Länder geriet, wo sie dann leider, leider verfälscht wurde und sogar fremdländische Namen bekam. Ja, ja – so war das!

Peter Meininger war's zufrieden. Denn so etwas hört ein Pfälzer gern. Und so lange ich nicht Lübecker Marzipan, Nürnberger Lebkuchen und die Wiener Sängerknaben für uns beanspruche, sollten Sie, lieber Leser, im Zweifel eher schmunzeln.

Kochbar, eßbar und erheblich sind die Portionen, die ich Ihnen auftische auf jeden Fall!

Freilich, – frei von Kalorienfurcht muß man schon sein. Denn als Schlankmacher ist eigentlich nicht geeignet, was ein rechter Pfälzer auf einer sich sanft durchbiegenden Tischplatte wünscht. Und die Schoppen goldenen Weines auch nicht. Wahrlich, – die schmalbrüstige Diätküche ist ebensowenig eine Pfälzer Erfindung wie die kulinarisch exzellenten Hungerkuren der nouvelle cuisine.

Den anderen aber, denen es gegeben ist, die leiblichen Freuden dieser Welt mit wachen Sinnen, leuchtenden Auges zu genießen, die sollten sich die Lippen lecken. Ich führe Sie in die

Niederungen menschlicher Lust an Speis und Trank, in denen sich gesunde Seelen suhlen. Nichts Menschliches ist dem Pfälzer fremd.

Hat uns der Herrgott denn ein Maul voll kräftiger Zähne, einen dehnbaren Magen und ein endloses Gedärm geschenkt, um Instant-Süppchen zu löffeln und Nährtabletten zu lutschen?

Wetzt die Messer, Freunde – greift zur Gabel – füllt die Schoppen bis zum Rand:

Gott segne die Pfalz, ihren goldenen Wein und all' jene, die mit Herz und Verstand die Gaben der Erde zu genießen verstehen.

Im März 1983

Hjalmar Hartenfels

Suppe un Soße

Pälzer Kräuter-Brieh

Zutaten
1 l Fleischbrühe
6 Eigelb
1/2 l süßen Rahm
2 bis 3 Handvoll frische Kräuter

Dies ist ein Frühlings-Süppchen, eine Pfälzer Köstlichkeit, die hierzulande hundert Namen hat. Seine Zeit beginnt, wenn der junge Wein auf der Flasche ist, – wenn die Rebenhügel in frischem, zarten Grün leuchten und die jungen Kräuter aus dem fruchtbaren Boden sprießen. Kaum aber haben sie das Licht der Welt erblickt, werden sie gepflückt und verschwinden in den Suppentöpfen aller Pfälzer Familien, die auf Tradition achten. Und so entsteht die Pälzer Kräuter-Brieh:

Es versteht sich, daß jede Familie ihr eigenes Rezept hat und darauf schwört. Hier jedoch das Grundrezept: 1 Liter einer sehr kräftigen Natur-Fleischbrühe, möglichst klar und fettfrei bereiten. 6 Eigelb in 1/2 Liter süßem Rahm verrühren. Und jetzt kommt es: 2 bis 3 Handvoll frischer, gehackter Kräuter einrühren! Alles was der junge Frühling bietet. Schnittlauch, Kerbel, Sauerampfer, Melisse, Petersilie, Löwenzahn, Brunnenkresse usw. Nur keinen Salbei und keinen Estragon! Auf dem Feuer noch einmal kurz aufkochen lassen und mit frischem Schwarzbrot servieren. Mindestens ein Schoppen gehört dazu. Und anschließend der nächste – versteht sich. Er kann so würzig sein wie das Süppchen. Ein Morio vielleicht. Oder ein Traminer (oder beide!).

Pälzer Käschte-Brieh

Käschte, die reifen braunen Früchte der Edelkastanie, wachsen an den Hängen des Pfälzer Waldes wild. Im Herbst kann man sie säckeweise einsammeln. Und sie werden in vielerlei Variationen – süß oder herzhaft – zubereitet. Ebenso nahrhaft wie köstlich ist ein Süppchen, ein fleischiges dazu, das gerne vor dem Sonntagsbraten aufgetischt wird.

1 Pfund geschälte Kastanien braucht man schon dazu. Käschte kreuzweise einkerben und 15 Minuten in Salzwasser kochen. So heiß wie eben erträglich pellen. Die Kerne in 2 Liter kräftiger Fleischbrühe sehr weich kochen, herausnehmen und durch die Kartoffelpresse oder die feine Scheibe des Fleischwolfs drehen. Mit 150 Gramm feingewürfeltem rohen Schinken in die Brühe zurückgeben. (Vorsicht mit Salz!) 2 Eßlöffel feingehackte, frische Kräuter (Majoran und Schnittlauch oder Petersilie) dazugeben. Aufkochen lassen und mit frischem Pfeffer, Muskat und einer Prise Zucker abschmecken. Dickt die Suppe zu stark an, eventuell mit weiterer Brühe und einem Schuß trockenem Wein verdünnen. Bei Tisch gibt man in Butter goldgelb geröstete Weißbrotwürfel in die Suppe. Und wenn dies als Hauptgericht gelten soll – und das schafft dies Süppchen leicht – dann schmeckt frischer grüner Salat dazu und der Rest vom Pfälzer Silvaner.

Zutaten
1 Pfd. Kastanien
Salzwasser
2 l Fleischbrühe
150 g rohen Schinken
2 EL Majoran,
Schnittlauch
oder Petersilie
Pfeffer, Muskat,
1 Prise Zucker
evtl. 1 Schuß Wein
Weißbrotwürfel

Pfälzer Lauchsuppe

Zutaten
2 Zwiebeln
200 g rohen Schinken
6 Stangen Lauch
Butter
1 l Fleischbrühe
1 EL Speisestärke
1/4 l Weißwein
4 Eigelb
1/4 l süßen Rahm
Salz, Pfeffer, Muskat
Kerbel oder Petersilie

Wo an der Südlichen Weinstrasse die Rebengärten in der Rheinebene nahtlos in Gemüseäcker übergehen, wächst knackiger und aromatischer Lauch. Auch Porree genannt. Vieles bereiten wir daraus. Köstlich, nahrhaft und doch leicht ist die Pfälzer Lauchsuppe.

2 gewürfelte Zwiebeln in Butter glasig dünsten, 200 Gramm gewürfelten rohen Schinken 3 Minuten darin braten und 6 Stangen Lauch in 1 Zentimeter Stücke geschnitten (nur das Weiße) zugeben und 5 Minuten mitdünsten. 1 Liter kräftige Fleischbrühe aufgießen und 15 Minuten köcheln. 1 Eßlöffel Speisestärke in 1/4 Liter Weißwein verrühren und zugeben. Kurz aufkochen. 4 Eigelb in 1/4 Liter süßem Rahm verquirlen und abseits vom Feuer in die Suppe seihen. Mit Salz, Pfeffer und Muskat abschmecken und mit kleingezupftem Kerbel oder Petersilie bestreuen. Heiß servieren. Der kühle weiße Wein der Pfalz löscht jeden Durst auf angenehmste Weise ...

Grumbeer-Supp' mit Mett

Wenn nach heimischen Schlachtfesten nach Herzenslust mit Fläschigem »gepanzt« wurde (das heißt, sich den Wanst vollstopfen), dann macht die Bäuerin oder die Winzersfrau aus dem Rest vom Schweinemett am nächsten Tag gern diese Kartoffelsuppe.

Je eine große Geleriewe (Mohrrübe), eine Stange Lauch und 1/4 Sellerieknolle gut putzen, fein würfeln und in Schmalz andünsten. Das Gemüse herausnehmen, warm stellen und in die gleiche Pfanne 6 bis 8 kleingewürfelte, festkochende Kartoffeln geben und unter gelegentlichem Wenden in reichlich Schmalz leicht anrösten. Gemüse und Kartoffeln mit 1 1/2 Liter guter Fleischbrühe in einen anderen Topf geben. 1 Lorbeerblatt, ein paar Pfefferkörner, 1/2 Teelöffel Majoran (besser frische Zweiglein) zugeben und 1/2 Stunde köcheln lassen. Dann löffelweise 1 Pfund vom bereits gewürzten Schweinemett einrühren und 10 Minuten ziehen lassen. Mit frischem Pfeffer, Muskat und eventuell Salz abschmecken und mit gerösteten Weißbrotwürfeln in vorgewärmten Tellern servieren.

Aber gewiß essen wir in der Pfalz auch dazu Dampfnudeln oder, falls vorhanden, frischen Quetschekuche'. Und keine Frage, daß eine Suppe uns nicht davon abhält, den fröhlich-behaglichen Silvaner unserer Heimat dazu zu trinken.

Zutaten
1 Möhre
1 Stange Lauch
1/4 Sellerie
6 bis 8 Kartoffeln
Schmalz
1 1/2 l Fleischbrühe
1 Lorbeerblatt
Pfefferkörner
1/2 TL Majoran
1 Pfd. Schweinemett
Pfeffer, Muskat
evtl. Salz
Weißbrotwürfel

Pälzer Zwiwwel-Supp'

Zutaten
1 Pfd. Zwiebeln
20 g Mehl
1 l Fleischbrühe
Salz, Pfeffer, Muskat
4 Eigelb
1/4 l süßen Rahm
1/4 l Weißwein
Schnittlauch

Daß an der Südlichen Weinstrasse gleich neben den Reben die saftigsten, prallsten Zwiebeln der Welt gedeihen, sagte ich wohl schon. Warum eigentlich sollte es hier keine kräftige Zwiebelsuppe geben, die jeder »Möchte-Gern-Lukullus« ohnehin für den Gipfel französischer Kochkunst hält?

1 Pfund geschälte Zwiebeln in dünne Ringe schneiden, in Butter glasig dünsten, mit 20 Gramm Mehl bestäuben, leicht gelblich anschwitzen und mit 1 Liter sehr kräftiger Fleischbrühe aufgießen. Salzen, pfeffern und 20 Minuten köcheln. 4 Eigelb in 1/4 Liter süßem Rahm verquirlen und abseits vom Feuer in die Suppe seihen. Zum Schluß 1/4 Liter würzigen Weißwein (Morio-Muskat oder Gewürztraminer) zugießen, kurz erhitzen (nicht kochen!), mit frischem Pfeffer und Muskat abschmekken und mit Schnittlauch bestreut servieren.

Tomate-Supp'

Da wir gerade mit unseren saft- und kraftstrotzenden Feldfrüchten prahlen: Eines dem Pfälzer besonders liebgewordenen Fremdlings soll besonders dankbar gedacht werden. Der Tomate nämlich, die ja bekanntlich aus fernen asiatischen Ländern auf dem gleichen Wege zu uns kam – wie der Wein! Vielleicht ist sie uns deshalb so sehr ans Herz gewachsen. Und wenn die Tomaten prall und glutrot aus unseren Gärten leuchten, dann machen rechtschaffene Pfälzerinnen nach altem Familienrezept ihre köstliche Tomate-Supp'.

10 vollreife Tomaten und 3 Zwiebeln grob würfeln und in Butter 10 Minuten andünsten. Mit 2 Eßlöffel Mehl überstäuben und aufkochen lassen. 1 1/2 l kräftige Fleischbrühe dazugießen und ein paar feingehackte Kräuter (Basilikum, Kerbel, Petersilie) dazutun. Gut 20 Minuten kochen und durch ein Sieb streichen. 3 Eigelb in 1/4 l süßen Rahm verquirlen und einrühren. Aufkochen lassen, abschmecken, nachwürzen und servieren. Frisches Brot und junger Wein – sollen die Begleiter sein!

Zutaten
10 Tomaten
3 Zwiebeln
Butter
2 EL Mehl
1 1/2 l Fleischbrühe
Basilikum, Kerbel, Petersilie
3 Eigelb
1/4 l süßen Rahm

Der Gott, der Reben wachsen ließ ...

Die Sache ist einleuchtend: Bacchus, der Gott der Reben und aller fröhlichen Zecher war ein Pfälzer. Klarer Fall! Und Lukullus, sein schlemmerhafter Bruder, muß ebenfalls dieses Land gut gekannt haben.

Ja, – woher denn sonst, wenn nicht aus diesem Paradies der Genießer? Dem Land mit seinen fruchtbaren Böden, mit reichen Früchten, mit Wild und Wald, und seinem endlosen Meer von Reben? Wo hätte sich Bacchus wohler gefühlt als im Land der schillernden Vielfalt reifer und vollmundiger Weine? Hier passen doch Land und Leute so herrlich zueinander. Ein Volk von Winzern, Küfern und Kellermeistern. Ein Menschenschlag voll Saft und Kraft, von polterndem Humor und fröhlicher Geselligkeit. Gesegnet mit unbekümmertem Appetit und erheblichem Durst. Nur hierzulande konnten so kernige Sprüche geboren werden wie »ein Mann ohne Bauch ist ein Krüppel«, – oder gar »bei uns muß äner schun verdammt viel saufe, bis man von ihm sagt, er trinkt«. Dabei kann es sich doch wirklich nur um Pfälzer handeln, – um das fröhliche Fußvolk dieser sympathischen Götter praller Lebenslust.

Unter uns gesagt, und das werden Sie den alten Pfälzer Winzern nicht ausreden können: In manchen lauen Nächten – so um die Zeit der Rebenblüte – kann man aus dem tiefen Bauch der hochgewölbten Weinberge bisweilen das Echo dröhnenden Lachens, klingender Humpen, satten Schlürfens und das girrende Kichern blutjunger Nymphen hören. Bacchus und Lukullus feiern mit ihrem Gefolge! Daheim – in der Pfalz! Wenn das zu hören ist, weiß man: Ein reicher Herbst steht bevor an guten Weinen und in einer Fülle, daß die Fässer überschwappen.

> Nach dem Genuß eines Weines sollte einem zumute sein wie nach dem der Liebe. Man sollte das Bedürfnis verspüren, ihn zu wiederholen.

Pälzer Worscht-Brotsupp'

Nie wirft ein Pfälzer ein Stück Brot fort! In harten Zeiten wurden Brotreste mit Wasser oder Milch zu pfeffrigem oder süßem Suppenbrei verkocht. Dieses Süppchen jedoch aus besseren Zeiten kennen selbst eingefleischte Berufspfälzer nur noch vom Hörensagen. Eine hutzelige Köhlerwitwe aus dem Pfälzerwald hat es mir verraten – und gekocht!

Von 250 Gramm braunem Bauernbrot schneidet man die Kruste ab und würfelt sie. Das rindenlose Brot wird in 1 Liter kräftige Fleischbrühe gerieben oder von Hand hineingebröselt. 15 Minuten köcheln, damit das Brot quellen kann. Sämig muß das Süppchen sein. Entweder also geriebenes Brot zugeben oder, falls zu dick, Fleischbrühe zugießen. Inzwischen die Rindenwürfel in Schmalz knackig anrösten. Und nun kommt's: Gut 15 Zentimeter Pfälzer Leberwurst aus der Pelle drücken und mit dem Schneebesen in der Suppe verschlagen. Nach Geschmack mehr. Abseits vom Feuer 2 ganze, gut verquirlte Eier einrühren, mit Muskat, Pfeffer und Salz abschmecken. Erst jetzt die knakkigen Rindenwürfel und gehackte Petersilie oder Schnittlauch zugeben und los geht's. Ein, nein zwei echte Winzerschoppen – frischer, ehrlicher Pfälzer Landwein – paßt am allerbesten zu dieser schlicht-raffinierten und bodenständigen Köstlichkeit.

Zutaten
250 g Bauernbrot
1 l Fleischbrühe
Schmalz
Leberwurst
2 Eier
Muskat
Pfeffer
Salz
Petersilie oder Schnittlauch

Pfälzer Brät-Knepp

Zutaten
*1 Pfd. Brät
Kräuter
4 EL Paniermehl
2 Eier
Zitronenschale
Fleischbrühe
Petersilie
oder Schnittlauch*

Nein, – das sind keine gebrätelte Fläschknepp, sondern eine ganz feine Suppen-Einlage für die sonntägliche Fläsch-Brieh! Brät, das ißt feinstgehacktes Fleisch aus Kalb- und Schweinefleisch, mit Ei und Gewürzen innig vermengt. Das kann nur der Metzger machen und der füllt es hierzulande in die Därme zur feinen Bratwurst. Frisches Brät gibt's in Bayern in jeder Metzgerei. Bei uns müssen Sie schon Ihren Metzger nach rohen – also ungebrühten – feinen Bratwürsten fragen. Dann streichen Sie das Brät aus dem Darm heraus und los geht's:

Rühren Sie mit der Gabel feingehackte Kräuter – etwa Petersilie oder Kerbel oder Schnittlauch oder eine Mischung davon – unter das Brät. Auf 1 Pfund Brät geben Sie etwa 4 Eßlöffel feines Paniermehl und 2 ganze Eier. Mit einer Spur geriebene Zitronenschale abschmecken. Der Teig muß eine Stunde ruhen, damit das Paniermehl ausquillt. Ist der Teig zu weich, geben Sie nach Bedarf noch etwas dazu. Er soll sich mit nassem Löffel leicht zu Knepp abstechen lassen. In köchelnder guter Fleischbrühe 5 bis 7 Minuten ziehen lassen, in vorgewärmte Teller geben und die Brühe darüber gießen. Mit feingehackter Petersilie oder Schnittlauch bestreuen. Sind genug Brät-Knepp da, dann ist das für manchen Schmecklecker ein Hauptgericht.

Schnecken-Suppe

Wo sollten sich die Weinbergschnecken wohler fühlen als im größten und lieblichsten deutschen Weinbaubereich – an der Südlichen Weinstrasse? Und darum stammt von hier auch eines der berühmtesten Rezepte der Schnecken-Suppe.

1/2 Liter gute Hühnerbrühe, 1/4 Liter trockener Weißwein, 1 mittelgroße, feingeschnittene Zwiebel, 1/2 Lorbeerblatt, 1 bis 2 zerquetschte Knoblauchzehen 20 Minuten köcheln lassen, abseihen und Gewürze entfernen. Dann gut 2 Dutzend Schnecken (1 kleine Dose) – von der man eine Hälfte fein hackt und den Rest nur halbiert – zusammen mit je 100 Gramm jungen Möhren, weißem Lauch und 50 Gramm Sellerie, alles streichholzdünn geschnitten, sowie 1/2 Teelöffel Basilikum weitere 20 Minuten sanft kochen. Abseits vom Feuer 1/4 Liter süße Sahne mit 3 Eigelb verquirlt zur Suppe geben, kurz aufwallen lassen und vom Feuer nehmen. Mit Pfeffer, Salz und Zucker abschmecken und mit gehackter Petersilie bestreuen.

PS: Nicht nur Schnecken lieben den Wein der Südlichen Weinstrasse!

Zutaten

1/2 l Hühnerbrühe
1/4 l Weißwein
1 Zwiebel
1/2 Lorbeerblatt
1 bis 2 Knoblauchzehen
2 Dutzend Schnecken
100 g Möhren
100 g Lauch
50 g Sellerie
1/2 Tl. Basilikum
1/4 l Sahne
3 Eigelb
Pfeffer, Salz, Zucker
Petersilie

Zwiwwel-Lauch-Supp'

Zutaten
5 EL Gänseschmalz
1 Pfd. Zwiebeln
1 Pfd. Lauch
100 g Räucherspeck
1 l Hühnerbrühe
oder Fleischbrühe
1/2 l Weißwein
1/2 l saure Sahne
Pfeffer, Muskat,
Zucker, Salz

Ein Schoppen Wein schon vor der Suppe sei empfohlen. Denn sie ist nahrhaft, würzig und beschert dem, der furchtlos schlürft, einen herrlichen Durst. Ein Süppchen – zum Beispiel für den Skatabend ...

In 5 Eßlöffel Gänseschmalz (vom Schwein tut's auch) gibt man 1 Pfund in dünne Scheiben geschnittene Zwiebeln und dünstet sie glasig. Dann gibt man 1 Pfund in Ringe geschnittenen Lauch und 100 g feingewürfelten Räucherspeck dazu und läßt dies alles unter Umrühren dünsten, bis es Farbe annimmt. Dann gibt man gut 1 Liter einer kräftigen Hühnerbrühe oder Fleischbrühe sowie 1/2 Liter trockenen Weißwein dazu und läßt alles 30 Minuten köcheln. Und nun kommt die Bombe: 1/2 Liter dicke, saure Sahne wird dazugegeben! Kurz aufkochen lassen, mit frischem Pfeffer, Muskat, Zucker und Salz abschmecken und heiß zu frischem Bauernbrot servieren. Die Herren der Skatrunde werden sich später für den gut gekühlten, saftig-süffigen Silvaner der Südlichen Weinstrasse herzlich bedanken.

Griene Supp'

Auf dem Boden der Südlichen Weinstrasse fühlen sich halt Mensch und Vieh, Blumen und Reben gleichermaßen wohl. Spinat auch. Und daraus machen wir bisweilen etwas, was selbst den spinatvergewaltigten Kleinkindern keinen Schrecken, sondern Wonneschauer beschert.

5 feingehackte Schalotten (oder Frühlingszwiebeln) in 50 Gramm Butter glasig dünsten. 500 Gramm sauber gewaschenen und geputzten Spinat und 2 Pakete Kresse tropfnaß dazugeben und 2 bis 3 Minuten unter häufigem Wenden andünsten. 1 1/2 Liter guter Fleischbrühe oder Hühnerbrühe zugießen und 10 Minuten sanft köcheln. Durch ein Sieb in einen Topf abgießen und Spinat, Kresse und Schalotten pürieren. (Pürierstab oder Fleischwolf.) Gemüse in den Fond zurückgeben. 1/4 Liter süße Sahne mit 4 Eigelb verquirlen, abseihen und in die kochendheiße Suppe einrühren. Nicht mehr kochen lassen, sonst gerinnt die Mischung. Mit frischem Pfeffer aus der Mühle, einem Strich Muskat, Salz und Zucker abschmecken.

Und wenn man zur Suppe auch keinen Wein trinkt, sollten Sie vorher einen Schoppen fruchtig-frischen Riesling aus der Pfalz getrunken haben!

Zutaten
5 Schalotten
500 g Spinat
2 Pakete Kresse
50 g Butter
1 1/2 l Fleischbrühe
1/4 l süße Sahne
4 Eigelb
Pfeffer, Muskat, Salz, Zucker

Saure Grumbeere-Brieh

Zutaten
2 Pfd. Kartoffeln
1 Stange Lauch
1/4 Sellerie
1 Zwiebel
1 Lorbeerblatt
1 Nelke
Fleischbrühe
Weinessig
Salz, Majoran
Petersilie

Öffnen Sie ruhig schon eine Flasche in Vorfreude auf einen der urigsten Genüsse unserer Pfälzer Küche. Und vergessen Sie alles, was Sie bisher über Kartoffelsuppe wissen.

Ob Sie es glauben oder nicht: wir Pfälzer essen dazu Dampfnudeln oder am allerliebsten »Quetsche-Kuche« – frisch aus dem Ofen. (Nein! Nicht hintereinander! Gleichzeitig! *Zur Kartoffelsuppe!*)

2 Pfund geschälte Kartoffeln mit je 1 Stange Lauch, 1/4 Sellerie, 1 ganzen Zwiebel, 1 Lorbeerblatt und 1 Nelke weichkochen. Dann die Kartoffeln mit dem Gemüse kräftig durch ein Sieb passieren und so viele Brühe dazugeben, bis die Suppe dickflüssig ist. Mit einem Schuß Weinessig ganz leicht säuern. Dann mit Salz, Majoran und frischer Petersilie abschmecken. Serviert wird diese Köstlichkeit auch mit frischer Blut- und Leberwurst. Dann wird die Wurst in der Suppe serviert und aus dem Teller gegessen. Knuspriges Brot dazu – und ein paar Schoppen. Diese deftige Schlemmerei gebietet es, nicht auf Kalorien zu achten. Besonders wenn Quetschekuche dabei ist oder Dampfnudeln.

Die geliebte Metzelsupp'

Dies war früher einmal in den Städten das Süppchen armer Leute. Weil es vom Metzger für ein paar Kupferpfennige kannenweise abgegeben wurde. Heute ist diese Köstlichkeit leider fast vergessen. Nicht jedoch in unseren schönen Pfalz! Hier ist die Metzelsupp' nach wie vor der krönende Abschluß aller Schlemmereien auf dörflichen Schlachtfesten. Jeder Gastwirt tut es seinen Gästen kund, wenn geschlachtet wird. Wer sich in der Lokalzeitung umsieht, kann sich so von Metzelsupp' zu Metzelsupp' essen, ohne weit laufen zu müssen. Aber auch Sie können selbstverständlich daran teilnehmen, und das ist einfacher als Sie denken:

Ihr Metzger wird staunen, wenn Sie ihn um Wurstbrühe bitten und gibt sie Ihnen gern umsonst. Vorausgesetzt, er hat am Vortag geschlachtet. Wurstbrühe ist das »Wasser«, in dem der Metzger Fleisch und Würste in ungeheuren Mengen kocht. Vielerlei Fleischsud, Kräuter und Füllsel von geplatzten Würsten geben einen unnachahmlichen, kräftigen Geschmack. In kaltem Zustand entfetten und vor dem Anrichten mit Fadennudeln anreichern. Frisches Bauchfleisch mit Meerrettich, knuspriges Bauernbrot und ein paar Schoppen vollmundiger Weine machen einen Festschmaus daraus!

Zutaten
Wurstbrühe
Fadennudeln

Winzer-Dankfest in der Pfalz

Ich habe es selbst erlebt, – sonst würden Sie dies nicht glauben: »Heut' abend kummscht in mein' Keller. 's gibt Sauköpp'!« sagt Gustav, der Winzer mit den groben Händen und dem goldenen Herzen. Das hatte er so gut dreißig Feuden, Helfern der Weinlese, ein paar Kunden und den Nachbarn gesagt. Und seinen Kelterraum gar säuberlich geputzt. Der Duft von frisch gekelterten Trauben, von rumorendem Most in den Fässern und vom letzten sonnendurchglühten Windhauch des Pfälzerwaldes hing in der Luft. Kühl und grün und erdig. Rührend einfach der Schmuck aus letzten rot-grünen Blättern und Trieben der Reben. Dazu Trauben und Nüsse und die in Schalen gebackenen Eßkastanien, die ja hier zu Hause sind.

»Sauköpp'« hat er gesagt. Dann ging das Tor zur Kelterhalle auf, und herein fuhr der Metzger des Dorfes. Der Traktor zog einen Wagen mit fünf dampfenden Kesseln.

»Sauköpp' sinn' do!«

Die kupfernen Kannen mit prickelndem Federweißen blieben stehen. Der letzte Schluck wollte nicht mehr die Zunge herunterrollen. Denn was der Metzger mit zweigezinkter Gabel und kühnem Schwung einem jeden Gast auf den Teller warf, war – tatsächlich – ein halber »Saukopp'«. Die »Schnut« hing zur Linken und das Bäckchen zur Rechten eine halbe Handbreit über den Tellerrand. Fleischsaft troff schillernd von blankem Fett und duftend von Kraft auf den Teller. Ein Gemisch von Salz, Pfeffer, Muskat, Piment und Koriander stand da. Und ein geflochtener Korb mit braunem Bauernbrot. Sonst nichts.

Da sitzt du nun vor einem rosig-glänzenden, prall-saftigen, kernig-fleischigen »Saukopp'«, – und vor dir ein Schoppen vom jungen Riesling – und holst tief Luft. Du siehst nach rechts. Du siehst nach links. Und dann geht's los. Schneiden, reißen, kauen, beißen, trinken, schlucken, – zwischendurch den Freunden zuprosten, deren Augen ebenso leuchten wie die deinen. Man bricht Brot, – die Kruste kracht, – man lacht und läßt den Schoppen kreisen. Und wieder schneiden, und beißen, und kauen und schlucken und schmecken. Unvergeßliche Orgie in »Saukopf«.

Und das ganze ohne jede Hast. Freunde kommen, Freunde gehen. Jeder wird satt. Jeder probiert den neuen Wein. In einer Ecke des Kelterhauses spielen Musikanten auf, was an der Südlichen Weinstrasse bekanntermaßen uralte Tradition ist. Freilich sitzt man nicht nur unter Gästen, Kunden und Nachbarn. Ein Mädchen mit Herz und Verstand, das sich ungehemmt und lustvoll über Fleischiges hermacht, und ebenso beherzt zum vollen Schoppen greift, braucht man schon dazu!

Gustav strahlt, wenn es seinen Freunden schmeckt. Manchem schlägt er mit seiner vierkantigen, vom harten Zupacken im Wingert zerfurchten Hand krachend auf die Schulter und fragt, wie denn sein Riesling schmeckt, oder sein Silvaner? Oder der prickelnde Federweiße. Oder seine »Saukööpp'«? Wie viele das waren? »So 60, 70 hab' ich kochen lassen«, sagte er, als ob es sich um warme Semmeln handeln würde.

Der Herbst ist geschafft. Die Trauben sind gekeltert. Der Most gärt im Faß und die Probe verspricht guten Wein. Ein langes, hartes und risikoreiches Winzerjahr ist – fast – erfolgreich abgeschlossen.

Mein Gott, – ich wollte, Sie würden das ein einziges Mal erleben. Sie würden Freunde gewinnen. Und mit dem grundehrlichen Wein dieses Landes Freundschaft schließen für ein ganzes Leben.

> Der Mensch hot en Maage un nit for umsunscht!

Pfälzer Winzer-Fondue

Zutaten
2 l Weißwein
2 Teebeutel Glühfix
1 EL Zucker
1 kg Filet vom Kalb und/oder Schwein
2 EL Salz
1 EL Selleriesalz
1/2 EL Knoblauchsalz

Ich bin nicht sicher, ob dieses Gericht pälzisch-uralt ist. Freund Grillparzer (dem wir alle Zeichnungen dieses Büchleins verdanken) schwört Stein und Bein, daß es zum Küchenrepertoire seiner Oma aus Ludwigshafen gehört. Sei's drum, – denn es schmeckt überraschend pikant und ist eine lustige, unterhaltsame Schlemmerei zudem.

Fängt gut an: 2 Liter Flaschen Pfälzer Weißwein (Ruländer oder Traminer) öffnen und 1 Schoppen (1/2 Liter) davon während der kurzen Vorbereitung trinken. Den Rest von 1 1/2 Litern im Topf zum Kochen bringen. 2 Teebeutel Glühfix 10 Minuten ziehen lassen, herausnehmen und den Wein auf einem Rechaud (Spirituskocher wie im Bild) mit 1 Eßlöffel Zucker wieder kochen lassen.

1 Kilogramm Filet vom Kalb und/oder Schwein in dünne Scheiben schneiden und eventuell halbieren. Eine Mischung aus 2 Eßlöffel Salz, 1 Eßlöffel Selleriesalz und 1/2 Eßlöffel Knoblauchsalz in einer flachen Schale gut mischen. Mit Fonduegabeln (früher langen, dünnen Holzspießen) je ein Fleischstückchen etwa eine halbe Minute im kochenden Wein-Sud garen, seitlich kurz in das Salzgemisch stippen und zubeißen. Frisches, knuspriges Stangenweißbrot schmeckt dazu – und sonst gar nichts. Oder doch: Ein paar weitere Flaschen vom selben Pfälzer Weißwein – dieses Mal gut gekühlt!

Winzer-Dankfest in der Pfalz. Herrlich rustikale Orgie in »Sauköpp«. Gustav, der Winzer, feiert mit Helfern und Freunden den Abschluß harter Herbstwochen. Das Fleisch dampft und der junge Wein prickelt ...

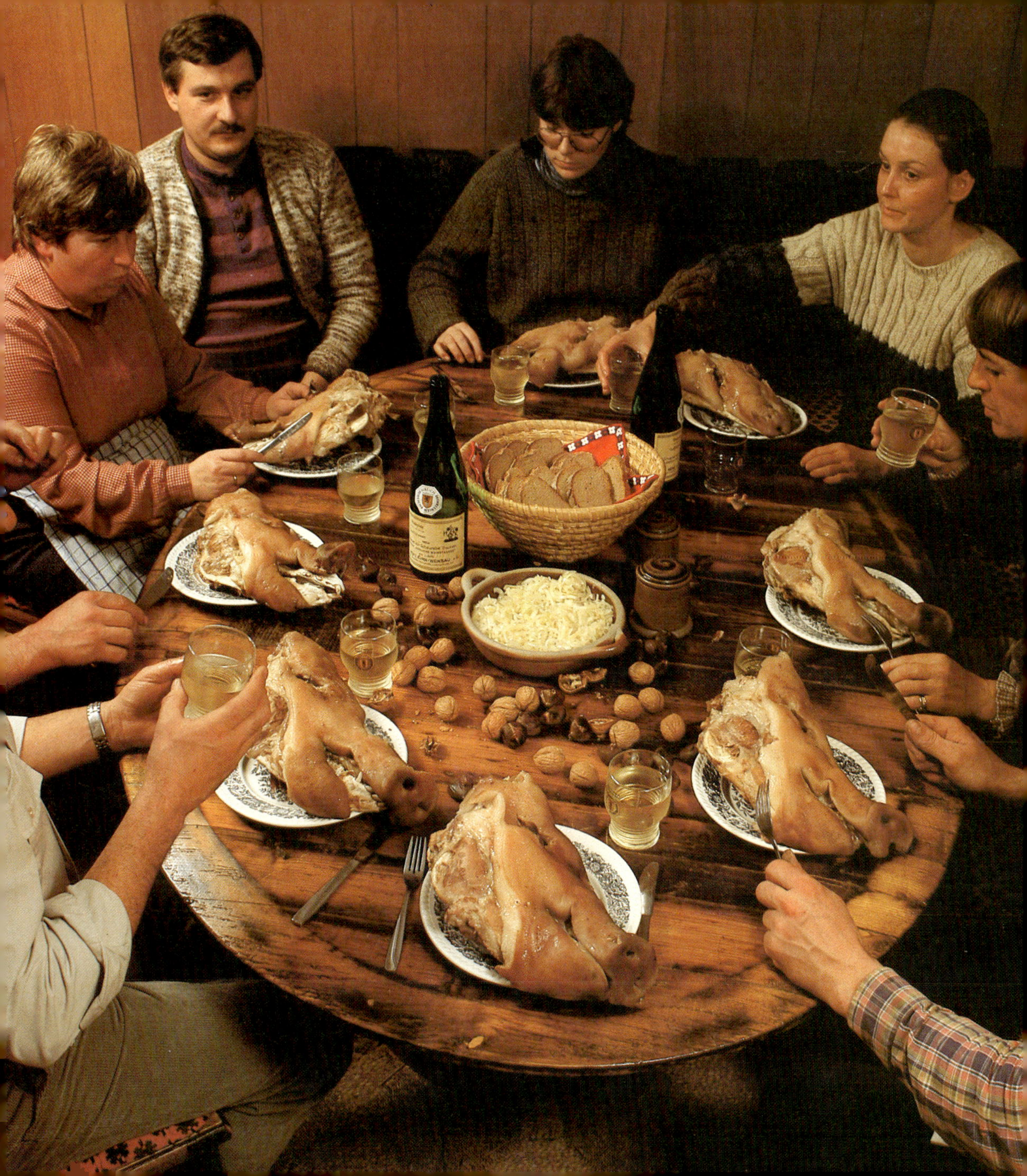

DIE REBLAUS
PHYLOXERA VITIFOLII
TODFEIND DER WEINREBE

Pfälzer Sommersuppe

Amerikanische Siedler aus der Pfalz brachten dieses schmackhafte Gericht in ihre Heimat. Denn viele zog es zurück zu Land und Leuten, – und vor allem zum langentbehrten Pfälzer Wein. Drüben hatten sie die Tomaten kennen und schätzen gelernt. Und diese gediehen auf den fruchtbaren Böden der Südlichen Weinstrasse ebenso gut, wie diese kräftige Suppe auf den heimischen Speisezettel paßt:

Je zur Hälfte werden geschälte Kartoffeln sowie geschälte und entkernte Tomaten (eine knappe Minute in siedendes Wasser legen, dann schälen sie sich leicht) mit 1 gehackten Zwiebel, 1 Stange Lauch, Petersilienstengel und allen Kräutern des Jahres in Fleischbrühe gargekocht. 1 Lorbeerblatt, 1 Nelke, etwas Muskat und Majoran dazugeben.

Nach dem Garen kräftig durch ein Sieb passieren und mit Salz und frischem Pfeffer abschmecken, 2 bis 4 Eigelb in süßen Rahm verquirlen und darunterrühren. Einmal kurz aufkochen lassen. Mit viel gerösteten Weißbrotwürfeln servieren.

Zutaten
Kartoffeln
Tomaten
Zwiebel
1 Stange Lauch
Petersilienstengel
Kräuter
Fleischbrühe
1 Lorbeerblatt
1 Nelke
Muskat, Majoran
Salz, Pfeffer
2 bis 4 Eigelb
süßen Rahm
Weißbrotwürfel

Am Wein-Lehrpfad in Schweigen an der Südlichen Weinstrasse steht das wohl originellste Denkmal deutscher Weinlande. Die heimischen Winzer haben es ihrem (längst besiegten) Todfeind, der Reblaus, gewidmet

Feine Winzer-Brieh

Zutaten
2 l Fleischbrühe
1/2 l Weißwein
1/2 l süßen Rahm
4 Eigelb
100 g Kerbel
oder Basilikum
50 g Butter
Salz, Pfeffer, Muskat

Die gibt's auch in der Pfalz nicht alle Tage. Aber dieses Süppchen ist so fein, daß Sie ihm in fast allen sterngekrönten Gastro-Tempeln begegnen können. Wenn auch leider, unter total irreführenden Phantasiebezeichnungen. Arbeit macht es schon, dieses feine Süppchen, aber es entzückt Ihre Gäste und belohnt die Hausfrau durch Bewunderung.

Grundregel: 1/3 stark konzentrierter echter Fleischbrühe, 1/3 dicker, saurer Rahm (Crème fraîche) und 1/3 würziger Wein. Gute, aber schwach gesalzene Fleischbrühe von mindestens 2 Litern auf 3/4 Liter einkochen. Durch ein Mulltuch abseihen. Knapp 1/2 Liter würzigen Wein (Gewürztraminer, Morio-Muskat, Scheurebe) dazugeben. Eine Spätlese ist dafür durchaus nicht zu schade! Einen 1/2 Liter Rahm mit 4 Eigelb verquirlen, abseihen und abseits vom Feuer in die Suppe einrühren. 100 Gramm geputzten und sehr feingehackten Kerbel (oder auch Basilikum) einrühren. Nochmals erwärmen, aber nicht kochen. Sonst gerinnt das Eigelb. (In diesem Fall schnell 2 bis 3 Eiswürfel einrühren. Meistens hilft's.) Zum Schluß 50 Gramm eiskalte Butter in Bröckchen mit dem Schneebesen gut unterschlagen. Mit Salz, frischem Pfeffer und einem Strich Muskat abschmecken. Je nach verwendetem Wein mit mehr Sahne oder Brühe ausgleichen. Auf die Harmonie kommt es an. Nichts darf eindeutig vorschmecken. In vorgewärmten Tellern oder Tassen servieren.

Feine Endivien-Supp'

Am Sonntag, wenn selbst auf dem kleinsten Winzerhof aus Küche und Keller Üppiges hervorgeholt wird, da kocht man im Frühjahr schon mal ein Süppchen, das seinesgleichen sucht. Es stammt aus dem »Pfälzer Kochbuch« der Pfälzer Gastwirtin Anna Bergner, – gedruckt im Jahre 1858.

»Es ist eine der besten Suppen, welche die meisten Leute nicht kennen«, beginnt Anna Bergner. Drum sollte man (für 6 Personen) 6 bis 8 Köpfe frischen Endiviensalats gründlich und großzügig putzen und schneiden. Strunk und Stiele der Blätter entfernen. In einem genügend großen Topf etwa 80 Gramm Butter erhitzen und den Salat darin zusammendämpfen. Sodann mit 2 Liter kräftiger Fleischbrühe aufgießen und um rund 1/3 einkochen lassen. Mit dem Rührstab die Salatreste pürieren (oder durch ein Sieb streichen), 1/4 Liter süßen Rahm mit 4 Eidotter verquirlen, abseihen und in die sehr heiße Suppe abseits vom Feuer einrühren. Mit Muskat, Salz und Pfeffer und einer Prise Zucker abschmecken. Auf vorgewärmte Teller geben und in Butterschmalz geröstete Weißbrotwürfel in die Suppe geben – so, daß es zischt! Aber das sollte nicht das einzige sein, was bei einem so köstlichen Mahle zischt ... Außerdem gehört es zur Pfälzer Tradition, daß uns selbst die feinste Suppe zu trocken ist, um sie ohne einen Schoppen frisch-fruchtigen Weines schlürfen zu können.

Zutaten
6 bis 8 Köpfe
Endiviensalat
80 g Butter
2 l Fleischbrühe
1/4 l süße Sahne
4 Eigelb
Salz, Pfeffer, Muskat
1 Prise Zucker
Butterschmalz
Weißbrotwürfel

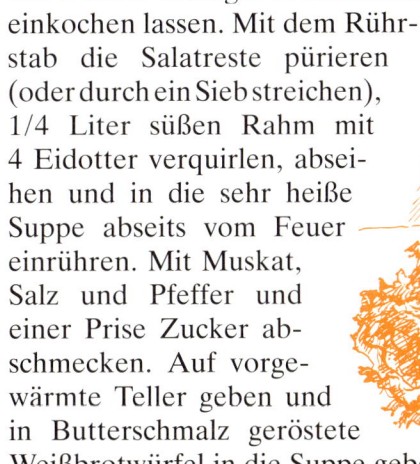

Rosenkohl-Supp'

Zutaten
*Ochsenbeinfleisch
mit Knochen
2 Pfd. Schweine-
nacken
Wurzelwerk
und Gemüse
2 l Fleischbrühe
1 kg Rosenkohl
Salz, Pfeffer, Muskat
2 EL Kräuter
1/4 l süße Sahne
3 Eigelb*

Irgendein Spaßvogel hat einmal behauptet, wir Pfälzer würden auf unseren fruchtbaren Ackerböden – sofern dort mal keine Reben wachsen – nur deshalb knackig-prallen Rosenkohl pflanzen, damit wir im Winter Hasen wildern könnten. Falsch! Für diesen Zweck kaufen wir holländischen Rosenkohl. Unseren eigenen essen wir selber.

Für die Rosenkohl-Supp' bereiten wir aus Ochsenbeinfleisch mit Knochen sowie Wurzelwerk und Gemüse etwa 2 Liter kräftige Fleischbrühe. Die braucht gut 2 Stunden. Nach 1 Stunde gibt man 2 Pfund mageren Schweinenacken dazu und gart diesen noch 1 bis 1 1/2 Stunden mit. Dann das Nackenfleisch herausnehmen und in mundgerechte Stücke schneiden. Die Brühe abseihen und die Hälfte von etwa 1 Kilo geputzten Rosenkohl in der Brühe mit dem Rührstab pürieren und in die Brühe geben.

Dann die andere Hälfte des Rosenkohls nur 10 bis 15 Minuten köcheln. Prüfen, ob sie gar sind, aber noch »Biß« haben. Fleisch dazugeben und mit Salz, Pfeffer, Muskat und 2 Eßlöffel feingehackter frischer Kräuter abschmecken. Zum Schluß 1/4 Liter süßen Rahm mit 3 Eigelb verquirlen, abseihen und abseits vom Feuer in die heiße Suppe einrühren. In vorgewärmten Tellern servieren.

Je nachdem, wie scharf Sie gewürzt haben, werden Sie dann 2 oder 4 halbe Schoppen fruchtig-saftigen Silvaner dazu trinken.

Pälzer Pannekuche-Brieh

Zugegeben: Die Schwaben machen die besten Spätzle, Nudeln und Maultaschen. Auch die Württemberger Weine sind beileibe nicht zu verachten. Tatsache aber ist, daß man im Schwabeländle mehr von unseren Pfälzer Weinen trinkt, als von den heimischen. Die berühmte »Flädlesuppe« ißt man in der Pfalz so oft und gerne wie in Schwaben. Ob sie zuerst in Schwaben oder bei unseren heimischen Schlachtfesten erfunden wurde, ist angesichts ihrer Köstlichkeit nun wirklich »wurscht«. Bei uns heißt sie jedenfalls Pälzer Pannekuche-Brieh.

Aus 4 Eiern, etwas Salz, je 4 Teelöffel Mehl, Wasser (!) und 2 Eßlöffel geschmolzener Butter einen Teig machen. Er muß sahnig-dünn vom Löffel fließen. Möglichst lange kühl stehen lassen. Dann sehr dünne Pfannkuchen in heißer Pfanne backen. Auskühlen lassen. Dann einzeln zusammenrollen und in dünne Scheiben schneiden. Die so entstehenden Ringe locker durchmengen. Je eine Handvoll in die vorgewärmten Teller geben und mit heißer, sehr kräftiger Fleischbrühe aufgießen. (Und wenn wir Fleischbrühe sagen, – dann meinen wir auch Fleischbrühe!!) Mit Schnittlauch oder Petersilie bestreuen und servieren. Eine freundlichere Vorbereitung auf ein deftiges Fleischgericht gibt es hierzulande nicht.

Zutaten
4 Eier
Salz
4 TL Mehl
2 EL Butter
Fleischbrühe
Schnittlauch,
Petersilie

Pälzer Linsesupp'

Zutaten
1 Pfd. Linsen
Brühwürfel
je eine Handvoll
Sellerie, Lauch,
Zwiebel
1 Pfd. Schweinenacken
1/2 Pfd. Räucherspeck
2 Mettwürste
Weinessig
Weißbrotwürfel
Pfeffer

Schon wegen der Verdauung lohnt es sich, ab und zu Hülsenfrüchte zu kräftiger, fleischiger Suppe zu kochen. Zugegeben, – die macht man in der Südpfalz nicht besser, als im knorrigen Westfalen. Jedoch: Diese sympathischen Leute dort haben keinen Wein. Aber sie trinken ihn! Und zwar bevorzugt den aus unseren Landen. Nun gut: Kochen wir also ein Süppchen, von dem die ganze Welt sagt, daß es ein westfälisches sei, – und trinken wir gemeinsam unseren Pfälzer Wein dazu!

1 Pfund Linsen waschen und über Nacht einweichen. Mit Wasser, 1 Brühwürfel, je 1 Handvoll gewürfelter Sellerie, Lauch und Zwiebel aufkochen. 1 Pfund grob gewürfelten Schweinenacken, 1/2 Pfund feingewürfelten Räucherspeck und mindestens 2 Mettwürste dazugeben. Im Drucktopf dauert das Kochen nur 20 Minuten! Mit Weinessig pikant abschmecken und in Butter geröstete Weißbrotwürfel im Teller darübergeben. Einmal mit der groben Pfeffermühle kreuz und quer darüber! Hinterher brauchen Sie gut und gerne 2 Schoppen vom tröstlichen und bekömmlichen Müller-Thurgau.

Pälzer Lewwer-Weck-Supp'

Einen Schwaben kann man vom Pfälzer daran unterscheiden, daß er mit Gewißheit täglich sein Süppchen, und am Sonntag ganz bestimmt sein Viertele Wein »schlotzt«. Und mühelos erkennen Sie den Pfälzer daran, daß er mit absoluter Sicherheit jeden Tag seinen Schoppen Wein trinkt und an Sonn- und Feiertagen ein besonders feines Süppchen. Wenn man hier auch bisweilen hört: »Ich trink' lieber en Schoppe – Suppe macht dumm«, so wird auch der fröhlichste Zecher bei diesem Süppchen freudig zugreifen, bei der Pälzer Lewwer-Weck-Supp'.

250 Gramm Kalbsleber im Fleischwolf sehr fein mahlen und 2 feingeriebene altbackene Semmeln, 2 ganze Eier und gehackte Petersilie dazugeben und alles gut verrühren. Den Teig mit Muskat, Majoran, Pfeffer und Salz würzen. Dann die Masse durch einen grobmaschigen Durchschlag (Sieb) in sehr heiße, kräftige Fleischbrühe rühren, – so daß kleine rosinengroße »Lewwer-Weck« entstehen. Noch einmal aufkochen lassen und im Teller mit frischem Schnittlauch bestreuen. Auch ohne den frisch gemahlenen schwarzen Pfeffer macht dies' Süppchen einen gehörigen »Dorscht« auf unseren frischen Wein ...

Zutaten
250 g Kalbsleber
2 Semmeln
2 Eier
Petersilie
Muskat, Majoran
Pfeffer, Salz
Fleischbrühe
Schnittlauch

Vom Ursprung der »Nuwell Küsihn«

Ja, – Sie haben's erraten. Aber gewiß ist die sogenannte »nouvelle cuisine« Pfälzer Ursprungs. Das wird leider immer wieder von Historikern und Literaten verschwiegen.

Das kam nämlich so: Man weiß ja, daß die Römer länger als dreihundert Jahre »Besatzungsmacht« in deutschen Landen waren und sich bevorzugt in der Rheinpfalz aufhielten. Hier, im Dreieck Mainz, Trier, Speyer lagen ihre größten Kastelle und Siedlungen. Dreihundert Jahre, – das sind bei damaliger Lebenserwartung gut und gerne zwölf Generationen. Und da die römischen Soldaten ja auch nur im besten Mannesalter brauchbar waren, kann man sich denken, wie oft die Truppen in dieser Zeit ausgewechselt wurden. Auf diese Weise kamen Hunderttausende Römer – zum Teil mit Familien – für jeweils einige Jahre in die Pfalz.

Und da Klima und Boden der Pfalz für paradiesische Fruchtbarkeit sorgen, wußten schon die Pfälzer jener Zeit sehr wohl mit Speis und Trank umzugehen. Und nachweislich gab es noch zu jener Zeit im alten Rom weder Spaghetti, Ravioli noch Pizza. Während die Herrschenden angeblich Nachtigallenzungen und Pfauenpasteten verspeisten, lebte das Volk vornehmlich von Hirse, Bohnen und Kohl. Warum sollte es dazumal anders gewesen sein als heute, daß nämlich die Familien nach jahrelangem Auslandsaufenthalt Sitten, Gebräuche und vor allem Eßgewohnheiten und Rezepte mit nach Hause brachten?

Viele Jahrhunderte mag es gedauert haben, bis sich Pfälzer Tischkultur im römischen Volk durchsetzte und bis zu den Fürstenhöfen vordrang. Aber es muß so gewesen sein. Denn im Jahre 1533 heiratete Katharina von Medici, die Tochter des Fürsten von Florenz, den späteren König von Frankreich, Heinrich II. Zu ihrem Gefolge, mit dem sie an den französischen Hof einzog, gehörten Köche, Pastetenbäcker und Konditoren. Aus gutem Grund: Denn dazumal wurde selbst am französischen Hof »gröblich gefressen und über die Maßen gesoffen«. Nicht gut, sondern viel mußte es sein, und die Kannen der Mundschenks wurden nicht leer, bis der letzte Zecher unter die damastgedeckte Tafel rutschte. Damen waren zu jener Zeit an der königlichen Tafel nicht geduldet.

> Worscht macht Dorscht und Dorscht macht hungrisch

War's die Macht der Liebe oder das kämpferische Blut der Medici: Von Stund an schritt die Verfeinerung der Sitten in gleichem Maße fort wie der Sinn für gepflegte Kochkunst. Und die Damen – nun bei Tische – wachten darüber. Und so gilt heute Katharina von Medici als Begründerin französischer Tafelkultur, die Weltruhm erlangen sollte.

Viel später; im Jahre 1671, mußten die Pfälzer wegen aufkommender gallischer Verrohung noch einmal helfend eingreifen. Unsere Liselotte von der Pfalz, die Tochter des im Heidelberger Schloß residierenden Kurfürsten, wurde nach Versailles entsandt. Sie heiratete Philipp I. von Orléans, den Bruder des Sonnenkönigs. Und wie Liselotte in der höfischen Küche für Wirbel sorgte, das ist durch zahllose Briefe belegt. Sogar den Pfälzer Grumbeere-Specksalat führte sie ein, um die Maßstäbe zu korrigieren. Und nun sind sie endlich selbständig, die Franzosen.

Zurück zu den Römern: Sie haben sich dankbar erwiesen. Sie leisteten Erhebliches für die Kultivierung des – übrigens bereits vorhandenen – Anbaus und Ausbaus Pfälzer Weine. So gründlich, daß viele Jahrhunderte später die Staufenkaiser diesem Land den Ehrennamen gaben »Weinkeller des Heiligen Römischen Reiches Deutscher Nation!«

Grien' Grumbeere-Brieh

Zutaten
1 kg Kartoffeln
4 Gelbrüben
Schmalz
1 1/2 l Fleischbrühe
4 Wacholderbeeren
2 Pimentkörner
1 Lorbeerblatt
je eine Handvoll Sellerie- und Spinatblätter
1 Bund Petersilie
2 Stangen Lauch
Salz, Pfeffer, Muskat
1/4 l süßen Rahm

Klarer Fall, daß zum fruchtigen Schoppen Wein des Pfälzers liebstes Gemüse, eine prallvolle Schüssel mit Wellflääsch, Bratworscht und Lewwerknödel ist. Aber: Die Grumbeere – also unsere Kartoffeln – genießen hierzulande eine Verehrung, die nicht weit hinter der des Weines steht. Nicht weil es hier davon fast ebenso viele Rassen wie Weinsorten gibt. Und auch nicht, weil sie wohl nirgendwo sonst so goldfarbig, festfleischig und voll von unbeschreiblichem Duft und Geschmack nach Pfälzer Mutterboden sind, – sondern vor allem, weil sie uns in vielen Kriegswirren und Notzeiten am Leben erhalten haben. Die guten Grumbeeren.

Eine der beliebtesten Deftigkeiten, die in jeder Pfälzer Küche nach Hausrezept anders bereitet wird, ist die Grien'-Grumbeere-Brieh.

1 Kilogramm Kartoffeln und 4 Gelbrübchen in kleine Würfel schneiden und in Schmalz kräftig anbraten. Mit 1 1/2 Liter guter Fleischbrühe, 4 Wacholderbeeren, 2 Pimentkörner, 1 Lorbeerblatt, Salz, Pfeffer und Muskat würzen. 25 Minuten zugedeckt kochen lassen. Dann gibt man je eine Handvoll feingeschnittene Sellerie- und Spinatblätter, 1 Bund Petersilie und 2 Stangen Lauch dazu und läßt die Suppe weitere 10 Minuten köcheln. 1/4 Liter süßen Rahm einrühren und sofort servieren. Hier ißt man am liebsten frischen Quetschekuche oder auch Grumbeere-Kiechle (Reibekuchen) dazu – und trinkt den sanften und beschaulichen Silvaner von der Südlichen Weinstrasse.

Gud' Fläsch-Brieh

Eine kräftige Fleischbrühe mit Markklößchen, Fläschknepp oder etwas anderem Handfesten darin ist nicht nur für sich allein schon eine Köstlichkeit. Sie ist auch die »Seele« jeder guten Suppe und der meisten schmackhaften Soßen. Gute Köchinnen haben in der Tiefkühltruhe stets in kleinen Portionen konzentrierte Fleischbrühe zur Verfeinerung von Soßen und Suppen parat. Darum koche man gleich eine größere Menge – damit sich die Arbeit lohnt.

Je 3 Pfund zerhackte Rinds- und Kalbsknochen portionsweise mit ganz wenig Fett scharf anbraten, bis sie stellenweise braun sind. 3 große Zwiebeln in dicke Scheiben schneiden, in trockener Pfanne beidseitig anrösten und zu den Knochen geben. 1 Suppenhuhn und 3 Pfund grobgeschnittenes Beinfleisch vom Rind dazugeben und mit 6 Liter Wasser zum Kochen bringen und immer wieder abschäumen. Gut 2 Stunden lang. Dann 4 Gelbrüben, 2 Lauchstangen, 1/3 Sellerie, Petersilienstengel, 1 Zweiglein Thymian, 8 Pfeffer- und 2 Pimentkörner, 3 Nelken, 1 Lorbeerblatt und Salz dazugeben. Weitere 2 bis 3 Stunden köcheln lassen. Ab und zu das verdampfte Wasser ersetzen und heißes nachgießen. Durch ein Sieb geben, erkalten lassen und das Knochenfett unbedingt entfernen.

Nun haben Sie sich wahrlich eine weitere Flasche Wein verdient!

Zutaten

3 Pfd. Rindsknochen
3 Pfd. Kalbsknochen
3 große Zwiebeln
1 Suppenhuhn
3 Pfd. Beinfleisch
6 l Wasser
4 Gelbrüben
2 Lauchstangen
1/3 Sellerie
Petersilienstengel
1 Zweiglein Thymian
8 Pfefferkörner
2 Pimentkörner
3 Nelken
1 Lorbeerblatt
Salz

Kalte Rotwein-Suppe

Zutaten

1 l Rotwein
1 l Wasser
6 EL Zucker
80 g Sago
4 Nelken
Schale
einer 1/2 Zitrone
1 Zimtstange
Zucker, Zimtpulver
Birnenschnitzen

Im mildesten Klima dieses Landes – an der Südlichen Weinstrasse – kann es im Sommer ganz schön heiß werden. Dann kommt bei unseren Winzern ein kühles, duftiges Süppchen auf den Tisch, die kalte Rotwein-Suppe.

2 Schoppen (1 Liter) Spätburgunder und 2 Schoppen Wasser mit 6 Eßlöffel Zucker, 80 Gramm Sago, 4 Nelken, Schale einer 1/2 Zitrone und 1 Zimtstange (5 cm) zum Kochen bringen. Schale und Zimt entfernen. Mit Zucker, Zitronensaft und Zimtpulver abschmecken. Sie soll süßlich sauer sein. Gut kühlen! Eingemachte Birnen (auch aus der Dose) gut gekühlt in Schnitzen in die Teller legen, Suppe darübergießen. Köstlich erfrischend ist das. Übrigens ist dies einer der seltensten Fälle, bei denen »Rotwein« kühlschrank-kalt genossen wird. Anschließend können Sie sich ja an einem normal-temperierten Schoppen wieder aufwärmen.

Kräuter-Grumbeeresupp'

Wenn wir Pfälzer irgendwo lesen »aus deutschen Landen frisch auf den Tisch«, – dann denken wir natürlich erst einmal an unsere reifen, frischen und vollmundigen Weine. Und dann erst fallen uns die knackigen, saft- und kraftstrotzenden Feldfrüchte ein, von denen unserer Kartoffel wohl der größte Ruhm im Land gebührt. Herzhaft wird es aber, wenn sich Kräuter und Kartoffeln zu einem Süppchen vermählen:

In reichlich Schmalz dünstet man 2 große Zwiebeln, 3 Stangen Lauch, 1/2 Sellerieknolle, alles fein geschnitzelt, gute 10 Minuten. Dann gießt man eine möglichst kräftige Fleischbrühe auf und würzt mit Salz, Pfeffer, Majoran und Thymian. Nicht zu vergessen 4 bis 6 Räucher-Mettwürste in dicke Scheiben geschnitten. Kurz bevor das Gemüse gar ist, reibt man 3 bis 5 rohe Kartoffeln in die köchelnde Suppe. Dann aufkochen lassen, bis die Suppe sämig geworden ist.

Im Teller noch schwarzen Pfeffer aus der Mühle darübergeben und frisches Bauernbrot dazu anbieten. Je dicker und schärfer die Suppe, um so größer der Durst auf die frischen, fruchtigen und gottlob so bekömmlichen Weine der Pfalz.

Zutaten

Schmalz
2 große Zwiebeln
3 Stangen Lauch
1/2 Sellerieknolle
Fleischbrühe
Salz, Pfeffer
Majoran, Thymian
4 bis 6 Räucher-Mettwürste
3 bis 5 rohe Kartoffeln

Pfälzer Weinschaum-Soße

Zutaten
4 Eigelb
25 g Puderzucker
1/2 l Weißwein
Orangen- oder Zitronensaft
1 Prise Salz

Ich möchte den Streit nicht entscheiden, ob eine Soße lediglich dazu dienen soll, handfeste Magenfüller wie Klöße, Nudeln, Reis oder Kartoffeln schmackhafter zu machen, – oder ob im umgekehrten Sinne das hier genannte Beiwerk als Soßenträger dienen soll.

Eines aber ist gewiß: dies ist die einzige Soße der Welt, die allzugerne um ihrer selbst willen gekocht – und häufig auch ohne alles verspeist wird. Ich kenne übrigens einen gestandenen Pfälzer, der sich damit schon einen handfesten Rausch angegessen hat!

Verschlagen Sie 4 frische Eigelb mit 25 Gramm Puderzucker solange, bis der Zucker sich gelöst hat und die Masse cremig wird. Dann geben Sie einen Schoppen Wein (0,5 Liter) dazu – am besten einen kräftigen, würzigen Morio-Muskat – und schlagen die Soße bei sehr kleiner Flamme (sicherer jedoch im Wasserbad) bis sie dickschaumig ist. Ein paar Spritzer Orangen- oder Zitronensaft sowie eine Prise Salz geben ihr den richtigen Biß. Sie ist so einfach zu bereiten und dabei so delikat! Sie schmeckt zu Früchten, Kuchen, Dampfnudeln, Desserts und vieles mehr. Für uns – und das muß einmal gesagt werden – ist sie die Königin der Soßen!

Pfälzer Meerrettich-Soße

Zutaten

50 g Butter
Mehl
1/4 l Fleischbrühe
(Brühwürfel)
frisch geriebenen
Meerrettich
Salz, Pfeffer, Muskat
1 Prise Zucker
1 TL Weinessig

Es ist an der Zeit, unserem Pfälzer Meerrettich ein Denkmal zu setzen! Nicht nur, weil er hier so heimisch ist und auf unseren fruchtbaren Böden Kraft und Saft saugt. Und auch nicht deshalb, weil er – reichlich genossen, wie wir das tun – sich mit einem wunderschönen Durst bedankt. Nein, – diese mannhafte Wurzel verdient ein Denkmal, weil sie einen so arteigenen Charakter hat wie jener Menschenschlag, den zu nennen meine Bescheidenheit mir verbietet.

Die Sache ist ganz einfach. 50 Gramm Butter mit wenig Mehl blond anschwitzen und mit 1/4 Liter kräftiger Fleischbrühe aufgießen. Zur Not kann es auch ein »Maria-Hilf« (Brühwürfel) sein. Dann soviel möglichst frisch geriebenen Meerrettich dazugeben, bis die Soße dicksämig und von rasanter Schärfe ist. Bitte nur kurz aufkochen lassen und mit Salz, frischem Pfeffer, 1 Strich Muskat und 1 Prise Zucker abschmecken. 1 Teelöffel Weinessig macht sie noch pikanter.

Abgesehen vom Geschmack, ist ihre Vielseitigkeit zu loben. Wir lieben unser scharfes Sößchen zur Schlachtschüssel, zu weißem Wellfleisch, zu Leberknödel, zu Fläschknepp. Und was wäre ein Bissen saftigen Rindfleischs, wenn er vorher nicht »zweemol dorch de Meerrettich geschleeft werd«? Der Dorscht wird gewaltig – und unser Wein ist immer dabei!

Braun' Zwiwwel-Soß'

Zutaten
4 bis 5 Zwiebeln
Schmalz
3 EL Mehl
1/2 l Fleischbrühe
2 Nelken
1 Lorbeerblatt
1 TL Zucker
Salz, Pfeffer

»Es ist nichts schwerer zu ertragen als eine Reihe von guten Tagen – das gilt besonders für den Magen!« Gott sei Dank wissen wir heutzutage wieder ein Lied davon zu singen. Und gerade dann überfällt doch den verwöhnten Schlemmer eine unstillbare Sehnsucht nach ganz einfacher, ehrlicher und deftiger Hausmannskost. Hier wäre so etwas. Diese Soße war früher ein Gericht, das arme Leute häufiger auf dem Tisch hatten als ihnen lieb war. Heute aber wird sie von den verwöhntesten Schlemmern zu frischen Gequellten (Pellkartoffeln) hochgeschätzt, die Braun' Zwiwwel-Soß'.

4 bis 5 große Zwiebeln in Ringe schneiden und in Schmalz goldgelb dünsten. 3 Eßlöffel Mehl darüberstäuben, umrühren und dunkelbraun anrösten. Mit einem 1/2 Liter Fleischbrühe (hier darf sie aus dem Würfel stammen) aufgießen und mit 2 Nelken, 1 Lorbeerblatt, 1 Teelöffel Zucker, Salz und Pfeffer würzen. Bei geringer Hitze 20 Minuten köcheln lassen und durch ein Sieb passieren. Wie gesagt, schmeckt dies zu frischen »Gequellten« am allerbesten. Im übrigen werden Sie feststellen, daß die frisch-fruchtigen Weine der Südlichen Weinstrasse sich auch vorzüglich zur Kühlung eines feuerspeienden Rachens eignen ...

Weiße Weinsuppe

Eine ganz und gar gebietstypische Spezialität ist die köstliche, kräftigende und sättigende »Weiße Weinsuppe«. Und zwar nicht nur, weil die Pfälzer eine angeborene Abneigung gegen Wasser haben!

Es versteht sich, daß man für eine Weinsuppe eher einen kräftig-würzigen Wein wie Traminer oder Morio-Muskat bevorzugt. Denn auch beim flüchtigen Aufkochen geht etwas vom köstlichen Aroma verloren.

Man verrühre 6 frische Eier mit 1 Liter Wein und 1 Eßlöffel gesiebten Mehl. Nach Geschmack süßen, etwas Zimt und 1 Prise Salz dazu. Das Ganze wird über starkem Feuer mit dem Schneebesen bis zum Aufkochen gerührt! Bei uns gehören pro Suppenteller noch mindestens 3 Eßlöffel von in Butter gerösteten und mit Zucker bestreuten Weißbrotwürfeln dazu. Das gibt einen knackigen Aufbiß zur schmeichelnden Schaumigkeit der Suppe. (Wie ärgerlich, daß ich Ihnen hierzu keinen Wein mehr empfehlen kann. Dafür aber haben Sie am Abend ein paar Schoppen gut!)

Zutaten
6 Eier
1 l Weißwein
1 EL Mehl
etwas Zimt
1 Prise Salz
3 EL Weißbrotwürfel
Zucker

Von Pfälzer Schlachtfesten

Unsere Winzer haben fast alle so zwei, drei Schweinchen im Stall stehen. Weil ebenfalls fast jeder noch kleine Äcker bestellt, auf denen pralle Kartoffeln, knackige Gemüse, etwas Mais und Rüben wachsen.

Diese Winzer schlachten zumeist zweimal im Jahr. Dann ist Schlachtfest! Das Wort trügt. Es ist harte Arbeit, die der bestellte Hausschlachter und die freundlichen Nachbarn leisten müssen. Das sollten Sie einmal erleben!

Bis Sie ankommen und etwas gröberes Gewand und Schuhzeug angelegt haben, ist die Sau geschlachtet, gebrüht, sind die Därme gesäubert und der Kessel im Hof dampft. Blitzschnell ist die Sau zerlegt – sind die Stücke, die später zu Braten eingefroren oder zu Schinken geräuchert werden, beiseite gelegt. Der Rest verschwindet im Kessel. Mein Gott, – wie das duftet! Wenn Sie fleißig und geschickt sind, dann dürfen Sie helfen! Dann schwätzt der Metzger auch schon 'mal darüber, warum er dieses und jenes so und nicht anders macht und wie er die Würste selbst am liebsten ißt.

Gegen elf Uhr ist das Fleisch im Kessel gar. Ein deftiges Frühstück: Kesselfleisch mit Kraut oder Zwiebelsalat. Mit frischem Wein schmecken die saftigen Stücke vom Nacken, vom Bauchfleisch oder vom Bäckchen am allerbesten.

Dann geht's erst richtig los: Das Fleisch wird geschnitten und der Speck gewürfelt. In großen Bottichen wird gemengt, gerührt, gewürzt und abgeschmeckt. Leberwurst, Blutwurst, Schwartenmagen und Bratwurst entstehen fast gleichzeitig. Mit traumwandlerischer Sicherheit verteilt der Metzger Majoran, Piment, zerstoßene Nelke, Muskatblüte, frischen Pfeffer und Salz. Das muß man in den Fingerspitzen haben. Schon verschwinden die köstlichen Massen in sauberen Därmen, werden blitzschnell mit Fäden abgebunden und im dampfenden Kessel versenkt.

Wenn die Wurst gar ist und herausgefischt wird, hat jeder Beteiligte schon ein paar Schoppen verdrückt. Und die hat er wahrlich verdient! Da unsere Weine ebenso süffig wie bekömmlich sind – fällt das kcincm weiter auf.

Dann gibt es die erste Bratwurst aus der Pfanne. Überflüssig zu sagen, daß diese »selbstgeschlachtete Bratwurst« mit keiner anderen auf der Welt vergleichbar ist. Und wenn der Metzger sein Handwerkszeug putzt und einpackt, – und die Winzersfrau den fälligen warmen Streuselkuchen mit viel heißem Kaffee serviert (Metzger brauchen Abwechslung!) – löffeln sie die köstlich-kräftige Metzelsupp'. Und ein paar Schoppen goldenen Weines bringen Sie dann aus der Welt der Schinken und der Würste wieder auf die Erde zurück.

Sie sollten wirklich versuchen, einmal ein Schlachtfest in der Pfalz mitzumachen. Sie werden unweigerlich Freunde gewinnen. Die Winzer, die Weine und die gute Pfälzer Worscht.

Vor dem Dorscht und nach dem Dorscht – immer schmeckt die Pälzer Worscht.

Grumbeere, Gemies un anner Griezeug

Weinschaum-Spargel

Zutaten
Spargel
Salz, Zucker, Essig
1 EL Butter

Soße
40 g Mondamin
1/2 l Weißwein
4 Eigelb, 2 Eier
1/2 Zwiebel
4 Eiweiß

Spargel-Zeit! Alle Zeitschriften sind alle Jahre wieder voll von allseits bekannten Spargel-Rezepten. Am Bodensee kenne ich ein Lokal, das Spargel in 99 Variationen anbietet. Aber: Unser Pfälzer Spargel-Sößchen ist nicht dabei! Nun ja, – es wird mit Wein gekocht, und davon haben die sympathischen Bodensee-Schwaben ja nicht allzuviel. Und so wird's gemacht, was wir zum Spargel lieben: Weinschaum-Spargel.

Ganz frischen, fingerdicken Spargel gut schälen, in 5-cm-Stücke schneiden und in sprudelndem Wasser garen. Wichtig: Ins Kochwasser gehören reichlich Salz, Zucker, 1 Schuß Essig und 1 Eßlöffel Butter! 15 Minuten reichen aus, denn der Spargel gart nach. Abtropfen lassen und warm stellen. Dann 40 Gramm Mondamin mit einem 1/2 Liter Weißwein glattrühren. 4 Eigelb, 2 ganze Eier, 6 Eßlöffel Spargelsud, den Saft 1 Zitrone und eine 1/2 feingeriebene Zwiebel einrühren. Die Soße im Wasserbad schaumig-cremig schlagen. Dann abseits vom Feuer den steifgeschlagenen Schnee der 4 Eier unterziehen und den Weinschaum über die Spargelstücke gießen. In der Pfalz ißt man zartes Kartoffelpüree dazu, über das man feingewürfelten, rohen Schinken streut. Zum zarten Gemüse und zarten Schaum gehört ein leichter Wein. Junger, spritziger Riesling sei kühlstens empfohlen ...

Schlappkraut

Wer im Herbst vom hügeligen Rebenmeer der Südlichen Weinstrasse in die sanfte Ebene zum Rhein hintergeht, der staunt immer wieder über die satte Üppigkeit, mit der unser Herrgott diese fruchtbaren Felder gesegnet hat. Knackig und prall bietet der fruchtbare Boden in üppiger Fülle Rüben, Rettich, Zwiebeln, Tomaten, Kartoffeln, Kohlrabi, Tabak, Mais, roten und weißen Kohl und alle Sorten Obst dar. Einer der knackigsten Vertreter der Feldfrüchte ist unser Weißkohl, aus dem wir mehr zu machen verstehen, als das hochgeschätzte saure Kraut! Deftig, kräftig – und beim bloßen Anblick schon durstmachend ist unser geliebtes Schlappkraut.

Weißkohl von den dicken Rippen befreien, grob hacken und in siedendem Wasser 5 Minuten ziehen lassen. Dann abgießen. 3 große Zwiebeln fein würfeln, im Schweineschmalz glasig dünsten und dann den Kohl zusammen mit 6 Kartoffeln – die man in feine Scheiben geschnitten hat – untermischen. Je 1 Pfund Schweinebauch und Schweinenacken grob würfeln und 2 Räucherwürstchen dazugeben. Mit Salz, Pfeffer und nicht zuwenig Kümmel würzen. Zugedeckt schmoren lassen. Das schmeckt köstlich zu frischem, knusprigem Brot und einem Schoppen Wein. Oder mehr.

Zutaten
Weißkohl
Schweineschmalz
3 Zwiebeln
6 Kartoffeln
1 Pfd. Schweinebauch
1 Pfd. Schweinenacken
2 Räucherwürste
Salz, Pfeffer, Kümmel

Pfälzer Schwarzwurzeln

Zutaten
Schwarzwurzeln
1 EL Mehl, Essig
Butter
Mehl
2 bis 3 Eigelb
1/4 l süße Sahne
Pfeffer, Muskat, Salz
1 Prise Zucker

Die Schwarzwurzel ist die irdische Schwester des himmlichen Spargels. Letztere sprießt zum Licht, während die Schwarzwurzel sich fest in unseren nahrhaften Boden gräbt. Köstlich sind sie beide. Manche Hausfrau scheut die Arbeit des Putzens, die übrigens viel leichter ist, wenn man die Wurzel vorher eine Zeitlang in sehr kaltes Wasser legt. Das zarte Aroma, der sanfte Aufbiß und die typische Neigung, vollendet mit fleischigen Soßen zu harmonieren, verdienen eine größere Beachtung.

Die Wurzeln nach dem Putzen (siehe oben) wieder in kaltes Wasser legen, in das man einen Löffel Mehl und einen Schuß Essig gerührt hat. Ein gutes Viertelstündchen langt. Dann bleiben sie blendend weiß. In siedendem Salzwasser mit einem Schuß Weinessig »bissig« weichkochen. (Probierstücke abschneiden!) Von Butter und Mehl eine helle Schwitze machen und sodann mit soviel Sud vom Wurzelwasser aufgießen bis die Soße leicht sämig ist. 2 bis 3 Eigelb in 1/4 Liter süßer Sahne verquirlen, zur Soße geben und noch einmal kurz aufkochen lassen. Mit frischem Pfeffer, Muskat, Salz und einer Prise Zucker abschmecken. Die abgetropften Schwarzwurzeln hineingeben und noch einmal kurz aufkochen lassen. Auf einer Platte servieren und die Soße darübergeben.

Der pikante Eigengeschmack kommt allerdings besser zur Geltung, wenn Sie nur geklärte Buttersoße darübergeben, – so wie beim Stangenspargel. Und dazu schmeckt auch die Soße von Braten und Gulasch am besten. Der Wein? Er soll so bodenständig wie das Wurzelwerk sein.

Grumbeer-Hobbelpann

Diese schmackhaften Pfannkuchen machen sich bei uns gerne Junggesellen oder Strohwitwer. Und trinken gemächlich einen Schoppen Pfälzer Wein dazu. Wenn der Strohwitwer diese deftigen Leckereien jedoch für seine Skatbrüder brutzelt, dann kann das in jeder Weise ein heiterer Abend werden. Kein ganz leichtes Gericht, aber leicht zuzubereiten.

30 Gramm Mehl mit knapp 1/4 Liter Milch (100 ccm) gut verrühren und 1 Stunde quellen lassen. 6 ganze Eier gut einrühren, mild salzen und kräftig pfeffern. 750 Gramm Kartoffeln schälen, nochmals waschen und auf einer groben Reibe direkt in den Teig hobeln. Da bleiben sie schön weiß. Eine große Zwiebel fein hacken und in den Teig mischen. 300 Gramm Rauchfleisch in feinen Scheiben (am besten fertiggeschnittenen Frühstücksspeck) portionsweise in der Pfanne leicht bräunen und den Teig darübergießen. Auf jeder Seite bei milder Hitze knapp 5 Minuten braten. Beim Wenden jeweils 1 Teelöffel Schmalz in die Pfanne geben. Mit frischem Pfeffer und viel gehacktem Schnittlauch bestreuen.

Ist die Frau des Hauses aber da, dann macht sie bei uns frischen grünen Salat dazu. Und reicht herzhaften Wein wie zum Beispiel die duftige Scheurebe von der Südlichen Weinstrasse.

Zutaten
20 g Mehl
1/4 l Milch
6 Eier
750 g Kartoffeln
Salz, Pfeffer
1 Zwiebel
300 g Rauchfleisch
Schmalz
Schnittlauch

Pfälzer Weingurken

Zutaten
2 kg grüne Gurken
1/2 l Weinessig
1/8 l Wasser
1 l Weißwein
3 EL Zucker
3 EL Johannisbeergelee
Meerrettich
1 TL Salz
4 Nelken
10 Pfefferkörner
Ingwerwurzel
Schale einer Orange
1 EL Sojasoße

Wir kombinieren gerne alles Eßbare, womit der Himmel unsere fruchtbaren Böden gesegnet hat. Und wo der Wein dabei ist, da werden diese Kombinationen stets zu köstlichen Schlemmereien. Was man zum Beispiel aus simplen grünen Gurken machen kann, zeigt dieses Gericht:

2 Kilogramm kleine, grüne Gurken in 1/2 Liter Weinessig und 1/8 Liter Wasser einmal kurz aufkochen. 1 Liter würzigen Weißwein mit je 3 Eßlöffel Zucker, Johannisbeergelee und scharfem Meerrettich, 1 Teelöffel Salz, 4 Nelken, 10 Pfefferkörner und möglichst ein Stückchen Ingwerwurzel sowie der abgeriebenen Schale einer Orange aufkochen. 1 Eßlöffel Sojasoße einrühren. Sehr heiß über die Gurken in Einmachgläser gießen. Verschließen und einige Wochen reifen lassen. Das wird ein weinig-pikantes Knabber-Erlebnis zu Braten und Geflügel. Je schärfer – desto durstiger.

Schlachtfeste, die beliebtesten und häufigsten Feste in der Pfalz. Freunde, die kräftig mitanpacken, sind willkommen und laben sich später bei dampfendem Kesselfläsch, Zwiwwelsalat und viel, viel Wein

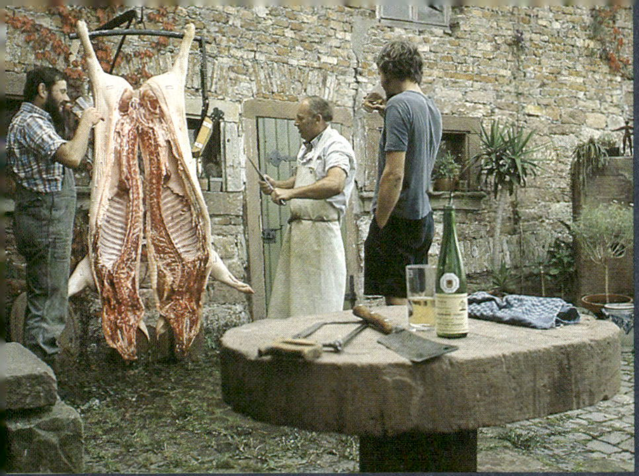
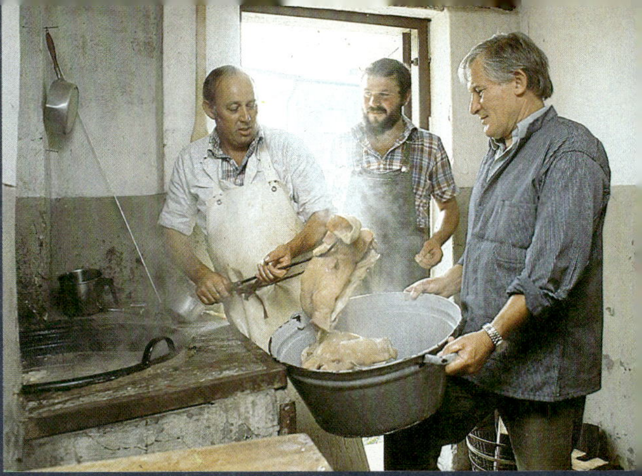
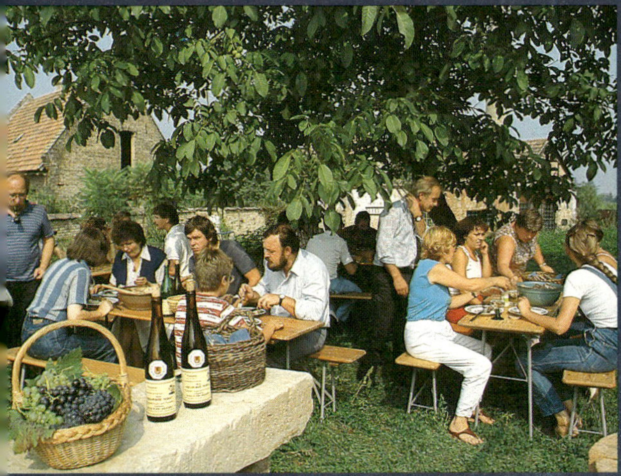
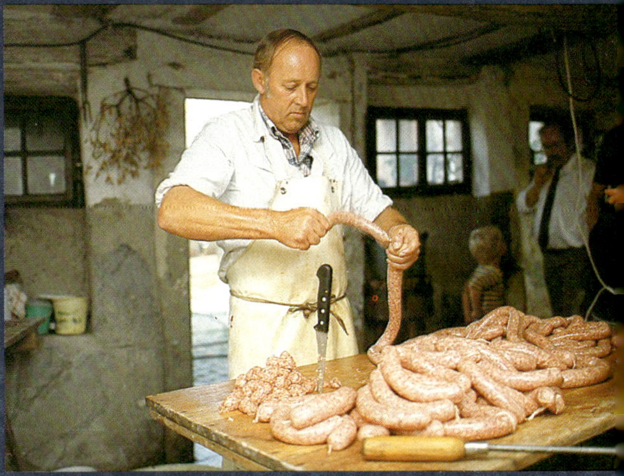
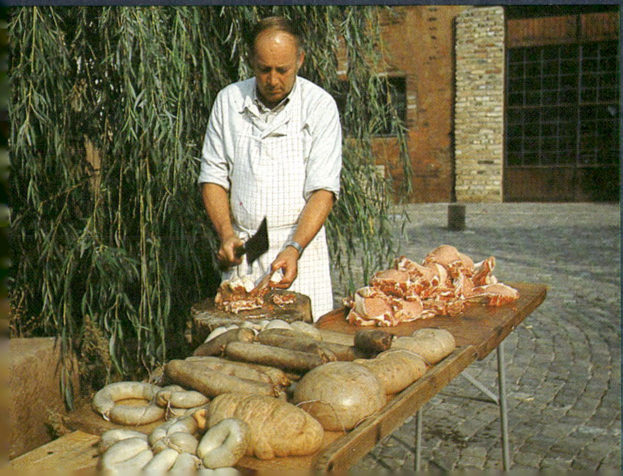
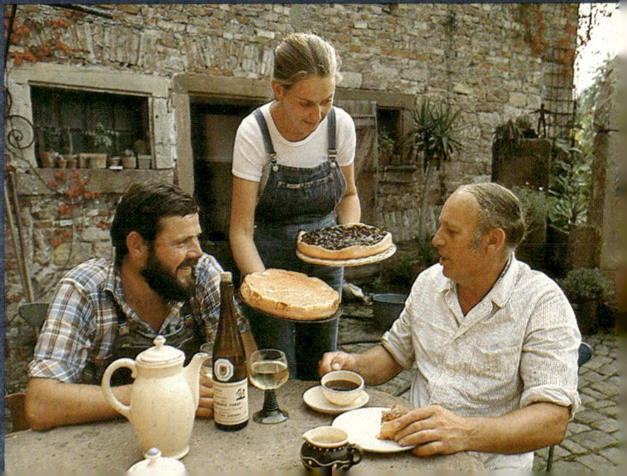

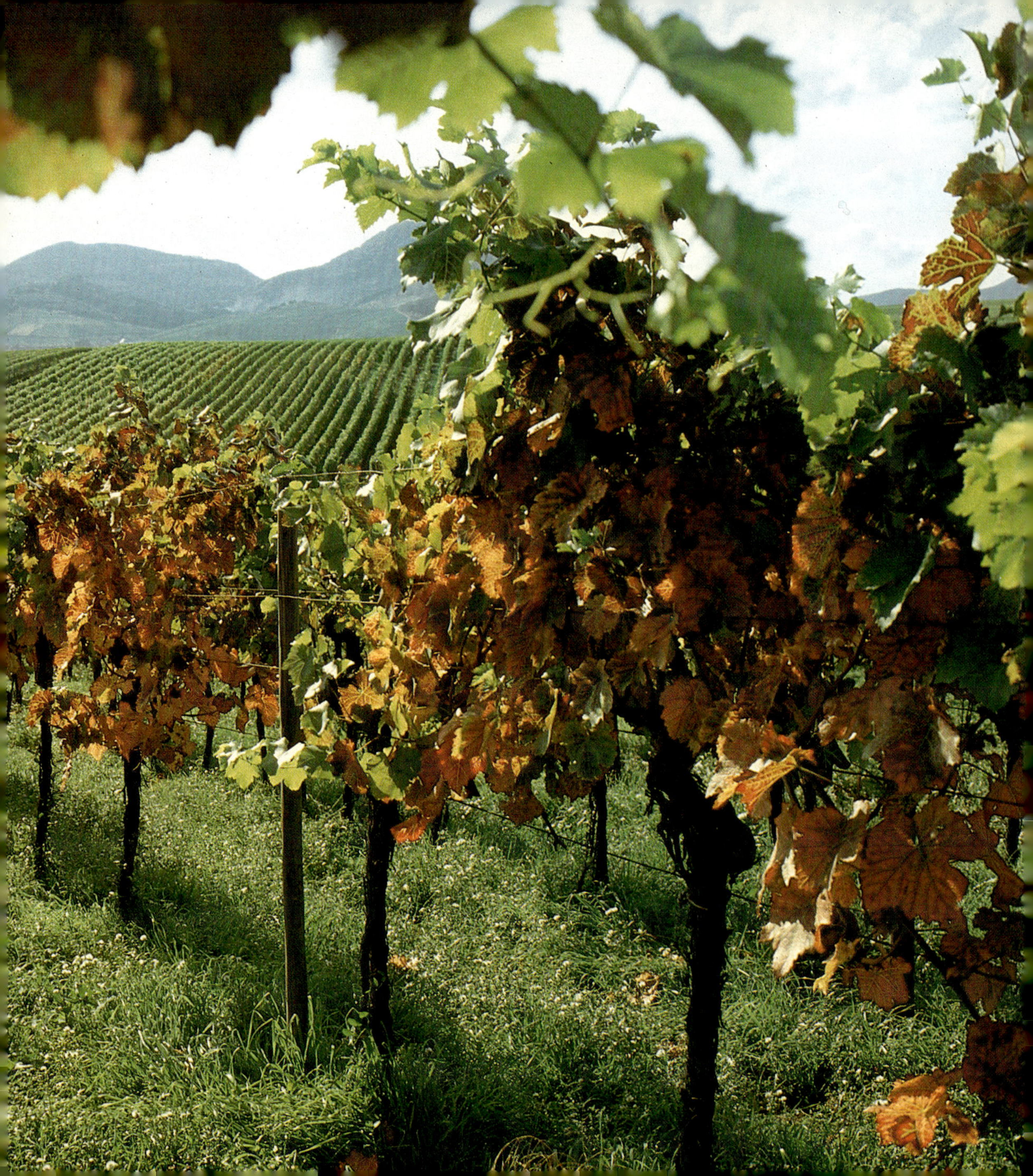

Majoran-Kartöffelcher

So unentbehrlich wie für die Nordländer der frische Dill, für die Südländer Rosmarin und Thymian, für die Türken der Kümmel und für die Amerikaner das Tomatenketchup ist, so unentbehrlich ist für uns Pfälzer ein heimisches Pflänzchen namens Majoran. Es grünt und blüht zart-lila in den meisten Kräutergärtlein unserer Heimat und verströmt einen betörenden Duft, der uns Pfälzer unweigerlich an Schlachtfeste und Wurstküche erinnert. Aber nicht nur dort gibt es unseren Spezialitäten wie Hausmacher Leberwurst, Lewwer-Knödel und Saumagen die rechte Würze! Einem besonders herzhaften und einfachen Pfälzer Gericht gibt es sogar seinen Namen: Majoran-Kartöffelcher.

3 Pfund Kartoffeln in grobe Würfel und 300 Gramm Dörrfleisch in feine Würfel schneiden. Beides in reichlich Schmalz kräftig anbraten. Salz und frischen Pfeffer dazugeben. Nach dem Anschmoren 1 Eßlöffel Majoran (möglichst frisch und feingeschnitten) daruntermengen und zugedeckt 20 Minuten garen. Zwischendurch ein- bis zweimal wenden. Zum Schluß nochmal gut pfeffern, – denn woher sollte sonst der laute Ruf nach unserem kühlen Wein erschallen, der so frisch und fruchtig den Durst zu löschen vermag?

Zutaten
3 Pfd. Kartoffeln
300 g Dörrfleisch
Schmalz
Salz, Pfeffer
Majoran

Reizt es Sie, durch ein solches Meer von Reben ganze 80 Kilometer zu fahren oder zu wandern? Dann kommen Sie zu uns in die Pfalz an die Deutsche Weinstraße!

Pälzer Käschte-Gemies

Zutaten
1 kg Käschte
Salzwasser
Butter
1 Tasse Fleischbrühe
(Würfel)
1 Tasse süßen Rahm
1 TL Mehl
Salz, Pfeffer

Die meisten Pfälzer Gerichte gibt es selbstverständlich in allen Landschaften in diesen und jenen Abwandlungen auch. Dafür hat früher die Völkerwanderung gesorgt, die man heutzutage Mobilität, Tourismus oder im Amtsdeutsch »Vergrößerung des räumlichen Lebensbereichs durch Verbesserung der verkehrstechnischen Infrastruktur« nennt. Und in 100 Jahren wird in Süditalien niemand mehr wissen, daß »Knopagrina« unsere Griene Knepp waren, die von Fremdarbeitern als Sensation mit nach Sizilien geschleppt wurden.

In Deutschland jedoch gibt es keine Gegend, in der folgendes Pfälzer Rezept möglich wäre. Weil die Südpfalz die einzige Landschaft Deutschlands ist, in der Klima und Boden Zitronen, Mandeln, Aprikosen und Maronen (Eßkastanien) blühen, wachsen und reifen läßt. Bei uns gibt es ganze Wälder von Eßkastanien, die man im Herbst säckeweise sammeln kann.

Pälzer Käschte-Gemies wird so gemacht: 1 Kilogramm Käschte mit spitzem Messer kreuzweise einschneiden und in Salzwasser 20 Minuten kochen. Kalt abschrecken und sofort schälen. In Butter 10 Minuten anschmoren und dann je 1 knappe Tasse Fleischbrühe (Würfel) und süßen Rahm dazugeben, in den man 1 Teelöffel Mehl gerührt hat. Noch 10 Minuten leicht kochen und mit Salz und Pfeffer abschmecken. Das schmeckt am besten zu Geflügel, zu dunklem Braten und wie gesagt – zum neuen Wein.

Gebrätelte Kohlrabi

Das sind die wahren Vorfahren der sogenannten Pommes frites. Uriger, schmackhafter und zudem nicht solche Fett-Schwämme wie die französischen Verwandten. Aus jungen Kohlrabi macht man sie ebenso gerne und gut wie aus frischen, jungen Sellerieknollen. Ein Gemüse für Männer, die sich sonst vor Gemüse fürchten.

3 bis 4 gut geputzte, große Kohlrabi oder 3 Knollen Sellerie in knapp 1 Zentimeter dicke Stifte schneiden. In kochendem Salzwasser 2 Minuten blanchieren, abgießen und in kaltem Wasser abschrecken. (Besser in Eiswasser tauchen.) Abtropfen lassen und mit Küchenkrepp gut trocken tupfen. Die Stifte in Mehl (möglichst Instant-Mehl) wenden und überflüssiges Mehl abschütteln. Portionsweise in 3 verquirlten Eiern wenden und wie Pommes frites in Fett goldbraun ausbraten. Dabei darauf achten, daß sie nicht zusammenbacken. Herausheben, gut abtropfen lassen und schichtweise mit Salz, frischem Pfeffer und gehacktem Schnittlauch sowie etwas vom gezupften Blattgrün der Knollen-Stauden bestreuen. Das schmeckt herzhaft zu allem Fleischigen, sofern es keine Soßen gibt. Zu Bratwürsten, Fläschknepp und Kurzgebratenem. Und knuspriges Kümmelbrot sollte nicht fehlen. Ebenso wenig ein herzhafter, süffiger Wein wie Pfälzer Ruländer oder Scheurebe oder Gewürztraminer.

Zutaten
3 bis 4 Kohlrabi
oder Sellerie
Salzwasser
Mehl
3 Eier
Fett
Salz, Pfeffer
Schnittlauch

Blumenkohl-Torte

Zutaten
Blumenkohl
Salzwasser
Zitronensaft
Blätterteig
250 g gekochten Schinken
100 g geriebenen Käse
Petersilie
1/8 l Weißwein
1/4 l süße Sahne
6 Eier
4 EL Mehl
Salz
Butter

Was Pfälzer Hausfrauen so einfällt, wenn die Felder voll sind von knackigem Blumenkohl, das beweist diese herzhaft-delikate »Herrentorte«. Sie ist einfach zuzubereiten und sorgt in jedem Fall für eine Überraschung bei Ihren Gästen. Und Wein, der gehört ebenso 'rein wie dazu. Darum vielleicht der Name Herrentorte.

1 großen, frischen Kopf Blumenkohl säubern und in reichlich Salzwasser mit dem Saft 1 Zitrone nur 15 Minuten garen. Er muß sehr knackig sein. Abtropfen und auskühlen lassen. Ein nasses, rundes Tortenblech mit aufgetautem Blätterteig belegen und die Ränder hochziehen. Den Blumenkohl in kleine Röschen teilen und auf dem Teig verteilen. 250 Gramm feingewürfelten gekochten Schinken mit 100 Gramm geriebenem Käse, gehackter Petersilie, 1/8 Liter trockenem Wein und 1/4 Liter süßer Sahne vermischen. Mit 6 ganzen Eiern und 4 Eßlöffeln Mehl gut verrühren. Vorsichtig salzen. Die Masse über den Blumenkohl verteilen und Butterflöckchen daraufsetzen. Im vorgeheizten Ofen bei 220 Grad in 40 bis 45 Minuten ausbacken. Warm servieren zu grünem Salat. Knuspriges Bauernbrot tut's auch. Und ländlicher Wein wie Müller-Thurgau oder Silvaner, die in der Pfalz zu den meisten heimischen Gerichten gut und nach mehr schmecken.

Blumenkohl in Weinteig

Wenn man in der Pfalz darüber nachdenkt, wie ländliche Hausmannskost verfeinert oder variiert werden kann, dann tut man das bei einem Schoppen Wein. Das beflügelt die Phantasie – und herauskommt fast immer ein Rezept mit Wein. So auch bei den Blumenkohl-Röschen in Weinteig.

Aus 200 Gramm Mehl, 1/4 Schoppen Weißwein (1/8 Liter), 1 Prise Salz rührt man einen Teig und läßt ihn quellen, bis er Bläschen wirft. Den geputzten Blumenkohl in Röschen teilen und in Salzwasser (mit dem Saft 1 Zitrone) in 10 Minuten sehr bißfest garen. Gut abtropfen lassen. 1 Eßlöffel Pflanzenöl und 2 steifgeschlagene Eiweiß unter den Teig geben. Die Röschen einzeln in verkleppertes Eigelb tauchen, mit Mehl bestäuben, durch den Weinteig ziehen und in heißem Fett goldgelb ausbacken. Herausheben, auf Küchenkrepp abtropfen lassen und warm stellen, bis alle fertig sind. Mit etwas Zitronensaft beträufeln und heiß servieren. Manche bevorzugen Sahnemeerrettich dazu, andere eine verfeinerte Mayonnaise. Zum Beispiel mit 2 zerdrückten Dottern harter Eier, Kapern, Senf, Öl und 1 Spritzer Worcestersoße! Alle aber mögen vollmundigen, frischen Weißwein dazu, der in der Pfalz von jeder Rebsorte zu finden ist.

Zutaten
200 g Mehl
1/8 l Weißwein
1 Prise Salz
Öl, 2 Eiweiß
Salzwasser
1 Zitrone
Eigelb, Mehl, Fett

Grumbeere-Speckpann'

Zutaten
1 kg Kartoffeln
300 g Speck
Öl, Butterschmalz
4 Eier
Pfeffer
Petersilie

Hier wieder 'mal so ein duftiges, zartes Pfälzer Gericht für alle jene, die bewußt essen und sich ihre schlanke Linie erhalten wollen. Merke: Wer mehr von unseren frisch-fröhlichen und grundehrlichen Weinen dazu trinkt, der verdrängt die Kalorien-Ängste leichter!

1 Kilogramm am Vortag gekochter Kartoffeln in 1 Zentimeter dicke Scheiben und 300 Gramm durchwachsenen Speck in dünne, etwa 2 Zentimeter große Rechtecke schneiden. Beides in großer, sehr heißer Pfanne in Öl und Butterschmalz unter häufigem Wenden anbraten. 4 möglichst frische Eier verquirlen, mit Pfeffer würzen (kein Salz!), über die Kartoffeln gießen. Bei milder Hitze zugedeckt 10 Minuten stocken lassen. Auf vorgewärmte Teller geben, mit frischer Petersilie bestreuen und knackigen grünen Salat dazu servieren.

PS: Ich lasse den Salat weg, weil sich die Säure – auch wenn mit Zitronensaft gewürzt wird – mit meinem Wein streitet. Und jener von der Pfalz ist mir immer noch lieber als der schönste Vitamin-Stoß!

Schwarzwurzel-Auflauf

An der Südlichen Weinstrasse, wo neben dem goldenen Wein auch Eßkastanien, Zitronen, Feigen und Mandeln wachsen, gibt es ein Sprichwort: Wenn man hierzulande einen Besenstiel in die Erde rammt, dann treibt er Blätter und Blüten. So fruchtbar ist der Boden. Aber auch unter der Erde tut sich bei uns etwas. Nicht zuletzt unsere kräftigen und aromatischen Schwarzwurzeln beweisen das.

Die Wurzeln waschen, schälen und sofort in einen Topf mit Essigwasser legen, in das man 3 Eßlöffel Mehl eingerührt hat. Das hält die geschälten Wurzeln blendend weiß! Dann schneidet man die Wurzeln in 5 Zentimeter lange Stücke und gart sie in Salzwasser in etwa 15 bis 20 Minuten so weit, daß sie noch einen festen Biß haben. Auf 500 Gramm Schwarzwurzeln kommen etwa 200 Gramm gewürfelter roher Schinken, den man schichtweise in eine gebutterte Form gibt. 1/8 Liter Sahne, 1/8 Liter Milch, 100 Gramm geriebener Käse werden mit 4 Eigelb vermengt und mit Salz, Pfeffer und Muskat gewürzt. Alles das gießt man über die Schwarzwurzel-Schinken-Mischung und überbackt den Auflauf bei 200 Grad in etwa 20 Minuten. Sofort servieren! Der eine schätzt dazu dampfende Gequellte (Pellkartoffeln), der andere lieber knuspriges, frisches Bauernbrot. Unverzichtbar aber sind ein paar Schoppen.

Zutaten
500 g Schwarzwurzeln
Essigwasser
3 EL Mehl
200 g roher Schinken
1/8 l Sahne
1/8 l Milch
100 g geriebenen Käse
4 Eigelb
Salz, Pfeffer, Muskat

Lauch mit Käs'-Deckel

Zutaten
3 Pfund Lauch
Salzwasser
Pfeffer, Muskat, Salz
150 g geriebenen Emmentaler
50 g Butter

Wenn die Zeit des köstlichen Pfälzer Lauchs (fremdländisch: Porree) gekommen ist, dann kaufen Sie ihn doch. Es lohnt sich. Und dann bereiten Sie daraus einmal unseren Lauch mit Käs'-Deckel.

Von 3 Pfund Lauch schneiden Sie alle dunkelgrünen Blätter ab. Die weißen und hellgrünen Teile halbieren Sie der Länge nach und waschen Sie gründlich. Dann garen Sie den Lauch in reichlich Salzwasser etwa 10 Minuten vor und lassen ihn dann im Sieb abtropfen. In eine gut ausgebutterte feuerfeste Form füllen Sie den Lauch, würzen mit frischem Pfeffer, Muskat, Salz. Verteilen Sie dann mindestens 150 Gramm geriebenen Emmentaler darüber. Verteilen Sie noch 10 Flöckchen von 50 Gramm kühler Butter darüber und schieben Sie die Form in den vorgeheizten Backofen. Das dauert dann nochmals 15 bis 20 Minuten und dann ist der Käs'-Deckel goldbraun und der Lauch darunter gar.

Das ist ein idealer Gemüse-Begleiter zu einfachen Fleischgerichten wie den Pälzer Fläsch-Knepp (den bayerischen Fleischpflanzerl und den Berliner Buletten entfernt vergleichbar). Auch frische, goldbraune Bratwurst gesellt sich gern dazu.

Mein Tip: Je schärfer Sie würzen, um so glaubwürdiger Ihr Anspruch auf einen blumigen, süffigen Silvaner, von dem man sagt, daß er typisch »maulvoll« schmeckt.

Kastanien mit Grumbeere

Folgende Empfehlung ist unfair, weil sie nur bei uns verwirklicht werden kann. Denn es handelt sich um Eßkastanien – auch Maronen oder Edelkastanien genannt –, die an der Südlichen Weinstrasse in jedem Dorf wachsen, und an den Hängen des Pfälzer Waldes ganze Kastanienhaine stehen. Man kann sie aber auch bei Ihnen zu Hause kaufen!

2 Pfund Eßkastanien mit spitzem Messer über Kreuz an der flachen Seite einschneiden und 20 Minuten bei 200 Grad im Backofen garen. (Oder 20 Minuten in Salzwasser kochen.) Dann schälen und auch die zarte braune Haut entfernen. 2 Pfund möglichst kleine Kartoffeln kochen, kalt abschrecken, schälen und salzen. Dann die erkalteten Maronen und Kartoffeln in der Pfanne mit Butterschmalz bei reichlicher Hitze schnell goldbraun anbraten. Zum Schluß 3 Eßlöffel Zucker zugeben und leicht kandieren. Das schmeckt zu Grünkohl. Oder zu Rosenkohl. Oder zu Wirsing mit Speckgrieben. Und das macht Durst. Und das ist keine Ausrede!

Zutaten
2 Pfd. Eßkastanien
2 Pfd. Kartoffeln
Salz, Zucker
Butterschmalz

Weinland der Rekorde

Sie wissen inzwischen, daß die Südliche Weinstrasse – der romantische, südliche Teil der Pfalz – vom lieben Herrgott in vielerlei Hinsicht gesegnet wurde: Boden, Klima, der Menschenschlag und die Landschaft sind in ihrer geglückten Harmonie schon rekordverdächtig! Aber auch im Detail können wir Fakten nennen, die ebenso interessant wie amüsant sind:

Rekord Nr. 1
Im romantischen Weindorf Rhodt unter der Rietburg liegt der älteste, fruchttragende deutsche Weinberg, vielleicht sogar der ganzen Welt. Über 300jährige, knorrige Gewürztraminer-Reben bringen noch heute edlen Wein hervor.

Rekord Nr. 2
An der Südlichen Weinstrasse wurde die älteste Flasche Wein der Welt – nämlich aus dem 3. Jahrhundert nach Christi Geburt gefunden. Sie ist heute im Historischen Museum der Pfalz in Speyer zu bestaunen.

Rekord Nr. 3
Im Sonnenjahr 1971 wurde an der Südlichen Weinstrasse das höchste Mostgewicht gemessen, das je in der Welt registriert wurde. 326 Grad Öchsle! Zum Vergleich: Eine Spätlese liegt bei etwa 90 Grad. (In »Öchsle« wird der Gehalt des Mostes an natürlichem Frucht- und Traubenzucker gemessen.)

Rekord Nr. 4
Mit über 1870 Sonnenstunden pro Jahr ist die Südliche Weinstrasse der wärmste und sonnigste Weinbaubereich

> Lasse mer uns de Wein schmecke, liewe Leut. Er ist allzeit e stück'che Natur, e Stück'che Kindstauf un Himmelfahrt.
>
> Carl Zuckmayer

Deutschlands. Wie wäre es sonst möglich, daß hierzulande neben dem Wein auch Mandeln, Feigen, Zitronen und Eßkastanien blühen und reifen?

Rekord Nr. 5
Die Südliche Weinstrasse ist mit 12 000 Hektar Weinbergen der größte deutsche Weinbaubereich. Die Vielfalt an Rebsorten und das breite Spektrum der geschmacklichen Nuancen suchen ihresgleichen.

Rekord Nr. 6
Für die Weintrinker der meisten deutschen Bundesländer sind die Weine der Südlichen Weinstrasse die absolut besten Tropfen aller Weinbaubereiche! Und auf diesen Rekord sind wir hier, im Land der Winzer und des Weins, ganz besonders stolz.

Kohlrabi-Auflauf

Zutaten
1 Pfd. Kohlrabi
Salzwasser
300 g Champignons
50 g Butterschmalz
Pfeffer, Salz
1 Bund Petersilie
200 g geriebenen Emmentaler
Butter
1/4 l süßen Rahm

Kein Mensch kommt auf den Gedanken, daß wir Pfälzer uns etwas auf unsere feine Küche einbilden würden. Aber beim Kohlrabi-»Gemies«, da sind wir empfindlich. Das ist für uns das erste zarte, schüchterne Gedicht an den Frühling. Das ist ein Pflänzchen, – ein duftig-knolliges Liebchen, von dem wir glauben, daß es ein Engelchen absichtlich über der Pfalz verloren hat.

1 Pfund junger Kohlrabi schälen und in Scheiben schneiden. Die zarten Blätter aufheben. In Salzwasser etwa 10 Minuten zugedeckt angaren, abgießen und abtropfen lassen. Etwa 300 Gramm Champignons putzen, waschen und grob schneiden. In 50 Gramm Butterschmalz sehr heiß 5 Minuten dünsten und dann salzen und pfeffern. 1 Bund Petersilie und die zarten Kohlrabiblätter waschen, trocknen und grob hacken. Eine feuerfeste Form (am besten eine irdene) ausbuttern, mit Kohlrabi und Pilzen gemischt einfüllen, frischen Pfeffer zugeben und die gehackten Kräuter darüber verteilen. Dann 200 Gramm geriebenen Emmentaler oder Gouda darüberstreuen, Butterflöckchen daraufsetzen und mit 1/4 Liter süßen Rahm übergießen. Im vorgeheizten Backofen bei 200 Grad in etwa 20 Minuten ausgaren und überbacken. Wenn Sie noch 200 Gramm ausgelassene und angebräunte Würfelchen von magerem Speck vorher daruntergeben, dann ist das auch nicht schlecht.

Pälzer Zwiwwelauflauf

Ein kühler Schoppen vom Pfälzer Müller-Thurgau zuvor stimmt unternehmenslustig. Denn dieses herzhaft-scharfe Gericht kochen Männer hierzulande gerne selbst. Noch »een Wurf« (das ist ein kräftiger Schluck) und los geht es.

300 Gramm durchwachsenen Räucherspeck (Dörrfleisch) in feinen Streifen in der Pfanne auslassen, leicht anrösten und herausnehmen. Im selben Fett 500 Gramm Zwiebeln in feinen Ringen geschnitten glasig dünsten, mit dem Speck mischen und beiseite stellen. In einem Topf 50 Gramm Butter schmelzen, 50 Gramm Mehl darin hell anschwitzen, mit 1/4 Liter Milch ablöschen und 5 Minuten unter Rühren köcheln. 125 Gramm Käse (mittelalten Gouda oder Emmentaler) hineinraspeln, schmelzen lassen und mit Salz, schwarzem Pfeffer und Muskat kräftig abschmecken.

4 Eier mit 5 Gramm Mehl, 1 Teelöffel Backpulver und 1/8 Liter Milch gut verquirlen und in die heiße Soße rühren. Nicht mehr kochen!

Speck-Zwiebel-Gemisch in eine gefettete Auflaufform verteilen und die Käse-Eier-Soße darübergeben. Mit einer Gabel stellenweise etwas aufrütteln, damit die Soße besser eindringt. Im vorgeheizten Backofen bei etwa 220 Grad 30 Minuten backen, bis der Auflauf eine goldbraune Kruste zeigt. Klar, daß frischer grüner Salat dazu paßt. Aber saurer Salat paßt nicht so gut zu Wein. Mir fällt die Wahl nicht schwer ...

Zutaten
300 g Dörrfleisch
500 g Zwiebeln
50 g Butter
55 g Mehl
3/8 l Milch
125 g Gouda
oder Emmentaler
4 Eier
1 TL Backpulver
Pfeffer, Salz, Muskat

Grumbeere-Füllsel

Zutaten
10 Kartoffeln
6 bis 8 Brötchen
Fleischbrühe
1 Pfd. Füllsel
Salz, Pfeffer, Muskat
Nelke, Majoran

Dies ist ein kräftig-deftiger Magenfüller, so recht nach Pfälzer Art. Dazu braucht man zwar kein Meisterkoch zu sein, – jedoch furchtlos vor einer höchst originellen und üppigen Hausmannskost. Unsere Mütter nahmen es mit den Mengen hierbei nicht so genau: wenn Sie ein paar Kartoffeln fortlassen, dann tun Sie eben ein frisches Blut- und Leberwürstchen mehr daran. Damit kann man nie etwas verderben.

Kochen Sie am Vortag 10 schöne große Kartoffeln. Weichen Sie 6 bis 8 Brötchen in Fleischbrühe – viel besser jedoch in Wurstbrühe ein. Dann brauchen Sie mindestens je 1/2 Pfund Füllsel aus frischer Blut- und Leberwurst! Die ausgedrückten Brötchen und 5 Kartoffeln durch den Fleischwolf drehen, mit dem Füllsel vermengen und mit Salz, Pfeffer, Muskat, zerstoßener Nelke und Majoran abschmecken. (Vorsicht – die Würstchen sind schon gewürzt!) Die restlichen Kartoffeln fein würfeln und vorsichtig untermengen. Dann geben Sie das Ganze, bzw. portionsweise, in die Pfanne und braten es in sehr heißem Schweinefett knusprig. Hier wird es am liebsten mit sauren Gurken und frischem Bauernbrot gegessen. Nach dem Schlachtfest aber ißt man Grumbeere-Füllsel aufgebacken und am Morgen zum Kaffee. Anderenfalls aber gehört ein satter, kräftiger Wein dazu. Ob weiß oder rot – ist gleich. Von der Pfalz muß er schon stammen!

Karamel-Zimt-Zwiebeln

An den Hängen der Südpfalz wächst Wein. In der fruchtbaren Ebene zum Rhein hin wächst Gemüse. Auch prächtige, pralle, saftige Zwiebeln in allen Größen und Schärfen. Und wenn es jemals einen Bruderkrieg unter den Brüdern der Südlichen Weinstrasse gibt, dann um die Frage, wo die berühmte Zwiebelgrenze verläuft. Ein Landauer und ein Herxheimer können darüber ein Leben lang streiten. Sogar bei diesem Gericht: Karamel-Zimt-Zwiebeln.

1 Kilogramm kleine Zwiebeln am Wurzel-Ende flach abschneiden, am Stielansatz 1 Zentimeter stehen lassen. In 4 Eßlöffel Pflanzenöl bei mittlerer Hitze glasig dünsten und häufig wenden. Dann salzen und gut 100 Gramm braunen Zucker darüberstreuen und schmelzen lassen. Einen knappen Schoppen (400 ccm) von unserem Rotwein, 10 Eßlöffel Rotweinessig, 4 Eßlöffel Tomatenmark darin verrühren und aufkochen lassen. Zwiebeln mit einem Teelöffel Rosenpaprika (scharf) und 2 Teelöffel Zimtpulver würzen. Zugedeckt 20 bis 30 Minuten köcheln und gelegentlich umrühren. Dann die Zwiebeln herausnehmen und den Sud bei großer Hitze sämig einkochen. Mit Zimt, eventuell Essig, Pfeffer und Paprika abschmecken. Zwiebeln wieder dazugeben, heiß werden lassen und servieren.

Zutaten

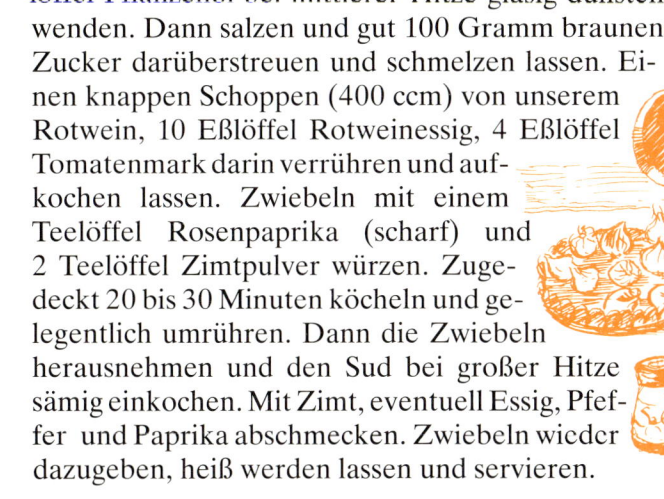

1 kg Zwiebeln
4 EL Pflanzenöl
100 g braunen Zucker
400 ccm Rotwein
10 EL Rotweinessig
4 EL Tomatenmark
1 TL Rosenpaprika
2 TL Zimtpulver
Zimt, Essig, Pfeffer
Paprika

Weißkohl mit Gänseschmalz

Zutaten
1 Weißkohl
1 Pfund Äpfel
250 g Zwiebeln
200 g Gänseschmalz
3 Lorbeerblätter
12 Wacholderbeeren
1 TL Kümmel
1 TL Koriander
1 EL Weinessig
1/4 l Weißwein
Salz

Sag' mir, wo die Gänse sind, – wo sind sie geblieben, die im vorigen Jahrhundert in riesigen Herden an der Südlichen Weinstrasse gemästet wurden? Diese feisten Gänse, die auf den abgeernteten Feldern von Mais, Kartoffeln, Salat, Rüben und Kornfrucht noch leben konnten wie im Schlaraffenland? Heute freuen wir uns schon, wenn wir gutes, sauberes Gänseschmalz bekommen, um die Erinnerung wenigstens beim Pfälzer Weißkohl aufzufrischen.

Einen knackigen Weißkohl (etwa 1,7 kg) von den äußeren Blättern befreien, vierteln, den Strunk herausschneiden und fein hobeln oder schneiden. Dann salzen und beiseite stellen. 1 Pfund saure Äpfel schälen, entkernen und in feine Scheiben schneiden. 250 Gramm Zwiebeln feinwürfeln und in 200 Gramm Gänseschmalz in großem Topf glasig dünsten. Den Kohl (mit der gezogenen Flüssigkeit), Äpfel, 3 Lorbeerblättern, 12 Wacholderbeeren, je 1 Teelöffel Kümmel und Koriander, 1 Eßlöffel Weinessig und 1/4 Liter trockenen Weißwein zugießen. In 60 Minuten bei mittlerer Hitze zugedeckt schmoren lassen.

Was glauben Sie, wie unsere Bratwürste – goldbraun und frisch aus der Pfanne – dazu schmecken. Und vor ein paar Schoppen kühlen, frischen und spritzigen Rieslings braucht man sich allemal nicht zu fürchten ...

Grumbeere-Kiechle

Zutaten
1 kg Kartoffeln
3 Eier
2 Zwiebeln
Majoran, Salz
Pfeffer, Muskat
Schmalz

Wenn es möglich ist, daß in über 10 000 Gaststätten dieser Welt nicht mehr angeboten wird als abgemagerte und in Ketchup ersäufte sehr entfernte Verwandte unserer deutschen Frikadelle – in pappige Brötchen eingeklemmt –, dann müßte doch hierzulande eine Gaststätten-Kette, in der Reibeplätzen, Kartoffelpuffer oder Reibedatschi angeboten werden, eine wahre Goldgrube sein. Jedenfalls habe ich noch keinen rechten Deutschen kennengelernt, der diese einfache Köstlichkeit oder köstliche Einfachheit deutscher Küche nicht von Kind auf liebt.

1 Kilogramm Kartoffeln auf grober Reibe (ins Wasser) reiben. Dann in einem großen Sieb etwas auspressen, mit 3 ganzen Eiern, 2 gehackten Zwiebeln, etwas Majoran, Salz, Pfeffer und Muskat würzen. In heißer Pfanne mit wenig Schmalz auf beiden Seiten knusprige Küchlein backen, auf Küchenkrepp abtrocknen und warm stellen. Oder besser: Aus der Pfanne auf den Teller! Dazu schmeckt frischer Salat, Apfelbrei oder – der Verwandtschaft wegen – würzige Grumbeere-Supp'. Trinken können Sie dazu, was Sie wollen. Grumbeere-Kiechle sind nicht so pingelig.

Der Pfälzer Schoppen

So, – nun reden wir einmal ausnahmsweise nicht vom frischen, vollmundigen und fruchtigen Wein der Südlichen Weinstrasse, sondern von seinem Behältnis. Wer dieses Wein- und Urlaubsparadies schon besucht hat, weiß ohnehin genug darüber.

Er weiß zum Beispiel, daß »een Schoppe« nicht etwa so ein neumodisches, bauchiges Kugelglas mit einem knappen Viertelliter Inhalt ist, sondern ein grundsolides zylindrisches Glas mit einem halben Liter Wein! Mindestens! Der Pfälzer Schoppen ist ein Gemeinschaftsglas. Weil wir gesellige Naturen sind und mit jemandem entweder gut oder aber gar nicht reden können. Wenn hierzulande ein Fremder in eine Gastwirtschaft kommt, dann ist es nichts Ungewöhnliches, wenn er sich an einen Tisch setzt, wo schon zwei oder drei Pfälzer hocken. Und genauso selbstverständlich wird ihm das volle Schoppenglas zugeschoben. Und wehe, wenn er es nicht wortlos ergreift und einen tiefen Schluck von unserem Wein nimmt. (»Wurf« heißt dieser Schluck hierzulande.) Neben dem menschlichen und geselligen Effekt hat dies den Vorteil, daß der Wein stets frisch im Schoppen steht. Denn lange hält er sich dort nicht. Was ist schon ein halber Liter?

Ja, – dann kennen wir noch dasselbe in doppelter Größe. Ein Liter Inhalt! »Rhodter Piff« genannt. Weil es in Rhodt unter der Rietburg, einem der zahllosen romantischen Winzerdörfchen am Hang des Pfälzer Waldes, erfunden worden sein soll. So ein Liter wird zumeist als »Troll-Schoppen« getrunken. Die Herkunft dieses Namens ist umstritten. Die sympathischste Auslegung ist wohl folgende: wenn man an der Südlichen Weinstrasse in fröhlicher Runde zusammen sitzt – und sich endlich zum Aufbruch entschließt, ja, dann muß man doch noch schnell

– meist im Stehen – einen aller-aller-allerletzten Schoppen trinken. Bevor man sich dann endlich heimtrollt! Gewiß können Sie bei uns auch ein »Viertel« trinken. Aber ehrlich, – was macht das für einen Eindruck!? Denn von den goldenen Weinen, die Sie hier bei jedem Winzer oder Gastwirt eingeschenkt bekommen, trinken Sie ja ohnehin ein paar Gläser! Und das können Sie ohne Reue tun. Dann bitte doch gleich »een Pälzer Schoppe«. Na, – also!

Grumbeere mit Kräuter-Rahm

Zutaten
1 kg Kartoffeln
Salz, Pfeffer, Muskat
süßen Rahm
3 bis 4 EL gehackte Kräuter

Wer wollte wagen, zu behaupten, daß nicht auch die lustigste und phantasievollste Köchin so Tage kennt, an denen die alltägliche Frage »was koche ich heute«, sie reizt, den Herd und alle Küchenutensilien aus dem Fenster zu feuern? Ruhig Blut! Unsere Pfälzer Grumbeeren (Kartoffeln) haben schon so manche Nerven und Ehen gerettet.

Dazu schneiden Sie 1 Kilogramm geschälte Kartoffeln in dünne Scheiben, waschen sie gründlich (wegen der Stärke), lassen sie gut abtropfen und würzen sie mit Salz, Pfeffer und einem Hauch Muskat. In einen schweren Topf (mit dickem Boden) geben und mit süßem Rahm aufgießen, bis die Scheiben knapp bedeckt sind und dann kurz aufkochen lassen. Bei milder Hitze in etwa 20 Minuten garen. Gelegentlich rütteln, damit nichts anbrennt. Wenn die Grumbeere gar sind, mit 3 bis 4 Eßlöffeln feingehackten Kräutern, wie Petersilie, Schnittlauch, Kerbel und Basilikum (alles, was da ist) mischen, abschmecken und servieren.

Freilich, – ein Stückchen Fleisch sollte schon dabei sein. Ob frische Bratwurst oder ein paar Fläschknepp. Oder mindestens ein Schoppen Müller-Thurgau, diesen vielseitigsten aller Weine der Südlichen Weinstrasse.

Pfälzer Linsentopf

Solange ist es noch nicht her, daß die zeitlebens wohlgenährten Gänse von Pfälzer Bauernhöfen stammten, wo sie auf den fruchtbaren Feldern reiche Nahrung fanden. Heutzutage würde ich Ihnen für ein köstliches, altbackenes Pfälzer Gericht tiefgefrorene Keulen empfehlen. Die sind billiger und ganzjährig aufzutreiben. Für den Pfälzer Linsentopf nämlich.

2 Gänsekeulen mit Salz einreiben und in sehr heißem Pflanzenfett rundherum schnell anbraten. 1 Bund Petersilie, 3 Zwiebeln, 2 Möhren, 1 Lauchstange, 3 Knoblauchzehen grob hacken und 5 Minuten mitschmoren. Dann 1 Liter kräftiger Fleischbrühe, 500 Gramm von am Abend vorher eingeweichten Linsen (Wasser wegschütten), etwas Rosmarin, Thymian und ein paar schwarze Pfefferkörner mit dem Gemüse und den Gänsekeulen in einen großen Topf geben. Zugedeckt eine gute Stunde köcheln und dann 1/2 Liter Spätburgunder aus unserem Land zugießen. Nach weiteren 30 Minuten mit Salz, Zucker, einem kleinen Schuß Essig abschmecken und servieren. Die Keulen separat. Brot gehört dazu. Das herrliche, knusprige, duftende Bauernbrot aus der Pfalz. (Wenn die Gans schon eine Zugereiste ist.)

Zutaten
2 Gänsekeulen
Salz
Pflanzenfett
1 Bund Petersilie
3 Zwiebeln
2 Möhren
1 Lauchstange
3 Knoblauchzehen
1 l Fleischbrühe
500 g Linsen
Rosmarin, Thymian
Pfefferkörner
1/2 l Rotwein
Zucker, Essig

Rohe Grumbeere-Pann'

Zutaten
10 Kartoffeln
150 g Räucherspeck
Pfeffer, Salz, Muskat
1 Prise Thymian
geriebenen Käse
1/8 l Sahne
1/8 l Milch
Butter

Unsere Liselotte von der Pfalz hatte nicht nur mit ihrem Specksalat und heimischer Blutwurst den schöngeistigen Hof von Versailles total verunsichert. Nein, – was wir Pfälzer tun, das tun wir gründlich. Auch die feinste Art, Pfälzer Kartoffeln zu bereiten, soll als Lieblingsspeise jener resoluten Dame Verbreitung gefunden haben.

10 mittelgroße Kartoffeln werden in ganz dünne Scheiben geschnitten und gut abgetupft. 150 Gramm feingewürfelten Räucherspeck in der Pfanne auslassen und das Fett weggießen. Eine gut ausgebutterte feuerfeste Form fächerförmig mit Kartoffelscheiben auslegen, mit einigen Speckgrieben, Pfeffer, Salz, Muskat, 1 Prise Thymian und geriebenem Käse würzen. So fortfahren bis 3 bis 4 Schichten übereinander liegen. Darüber gießt man eine Mischung von 1/8 Liter Sahne, 1/8 Liter Milch und 4 Eßlöffel geriebenem Käse. Dann setzt man eine Menge Butterflöckchen darauf und läßt die »Pann« bei 200 Grad im vorgeheizten Ofen etwa 40 Minuten backen.

Zum Schluß sollte man noch starke Oberhitze – eventuell Grill – zugeben, damit die Oberfläche gebräunt wird. Das, meine Damen, kann für die Herren der Schöpfung ein Hauptgericht sein. Vorausgesetzt, Sie servieren spritzig-frischen Weißburgunder aus der Pfalz dazu ...

Pälzer Möhren-Pann'

Kaum anzunehmen, daß in der Pfalz die Emanzipation erfunden wurde. Jedenfalls ist das Wort Strohwitwer fast unbekannt. Dennoch gibt es Gerichte, die sogar Männer kochen können, auch wenn sie weder Profis noch Hobby-Köche sind. Hier ist eines der beliebtesten:

750 frische Möhren waschen, schaben und in dünne Scheiben schneiden. 100 Gramm durchwachsenen, angeräucherten Speck in kleine Scheiben und 750 Gramm Schweinenacken in grobe Streifen schneiden. Speck kräftig glasig ausbacken, Nackenfleisch dazugeben und kurz und scharf anbraten. Dann 1/2 Pfund kleiner, geschälter Zwiebeln zugeben und anbräunen. 2 Knoblauchzehen schälen und in Scheiben dazugeben. Dann erst die Möhrenscheiben untermischen. Mit Salz, Pfeffer, 1 Prise Zucker und 1/2 Teelöffel Majoran würzen und gut 20 Minuten zugedeckt schmoren lassen. Inzwischen 1 Stange Lauch (den weißen und zartgrünen Teil) putzen, in dünne Ringe schneiden, waschen, abtropfen und in den Topf geben. Noch 5 Minuten mitschmoren lassen.

Wenn Sie fragen, was dazu paßt, dann sollten Sie sich das bei spritzig-frischem Riesling 1 Schoppen = 1/2 Liter) gut überlegen.

Zutaten

750 g Möhren
100 g durch-
wachsenen Speck
750 g Schweinenacken
1/2 Pfd. Zwiebeln
2 Knoblauchzehen
Salz, Pfeffer, Zucker
1/2 TL Majoran
1 Stange Lauch

Spinat-Auflauf

Zutaten
750 g Blattspinat
750 g Kartoffeln
4 Scheiben Räucherspeck
2 EL gewürfelte Zwiebeln
4 Eier
1/4 l süße Sahne
Salz, Pfeffer, Muskat

Das ist ein Frühlingsgericht – ein Frühlingsgedicht so ganz nach Pfälzer Geschmack. So herzhaft und frisch, daß man meint, es sei geradewegs aus der dampfenden fruchtbaren Scholle auf Tisch und Teller gewachsen. Und hierbei drehen Pfälzer Schoppen schnelle, fröhliche Runden.

750 Gramm gesäuberten Blattspinat einmal kurz aufkochen und gut abtropfen lassen. 750 Gramm geschälte Kartoffeln in möglichst feine Scheiben schneiden und trockentupfen. Eine feuerfeste Form ausbuttern und etwa 1/3 der Kartoffelscheiben fächerförmig auf den Boden schichten, salzen und pfeffern. Dann 1/3 Spinat darüber verteilen und 4 Scheiben in Streifen geschnittenen Räucherspeck sowie 2 Eßlöffel gewürfelter Zwiebeln darüber verteilen. 3 solche Schichten sollte es schon ergeben. Zum Schluß 4 Eier mit 1/4 Liter süßer Sahne verquirlen, mit Salz, Pfeffer aus der Mühle und Muskat würzen und über den Auflauf gießen. Im vorgeheizten Ofen bei 220 Grad etwa 40 Minuten ausbacken. Heiß servieren – und kalt begleiten. Ein Pfälzer Schoppen (ein halber Liter), der bei uns nach jedem Schluck dem Nachbarn weitergereicht wird, sollte dabeisein. Und der nächste wird nicht lange auf sich warten lassen ...

Im Winter zeigen die Traminer-Reben des ältesten, fruchttragenden Weinbergs Europas ihre über 300jährigen, knorrigen Stöcke am eindrucksvollsten. Er liegt bei Rhodt unter der Rietburg und lockt alljährlich Tausende Bewunderer an

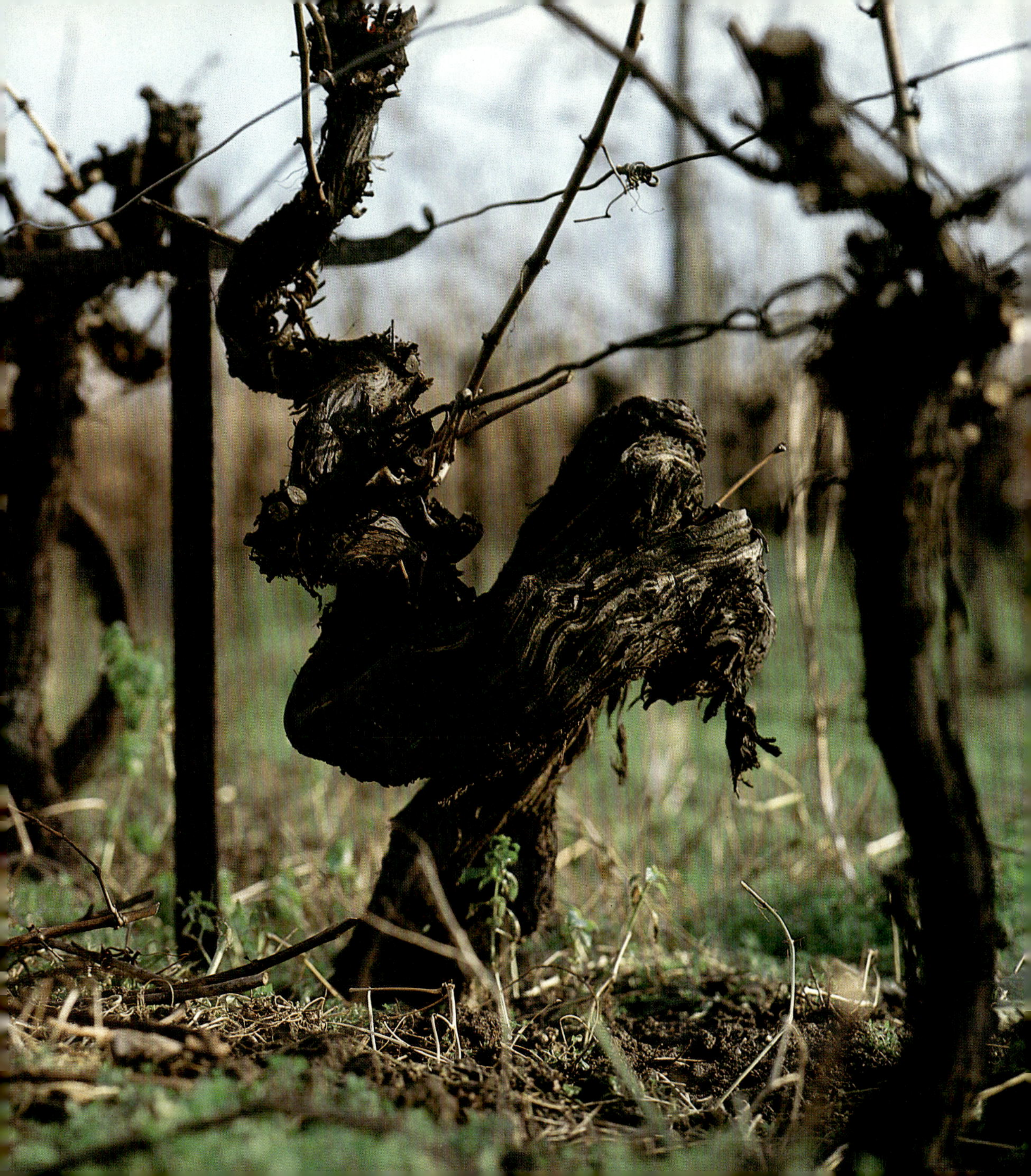

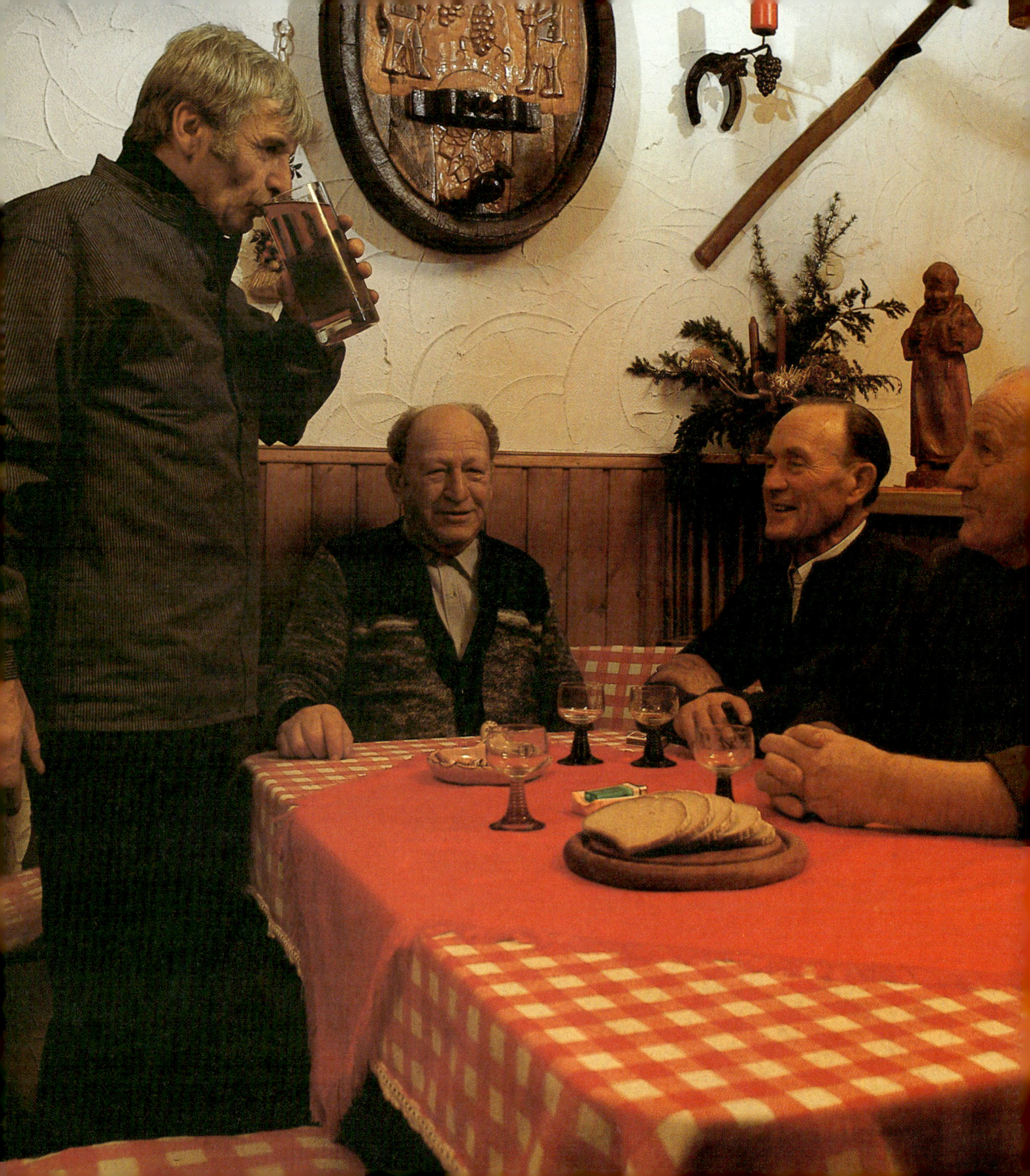

Pfälzer Kohlrabi

»Hier möchte ich Kuh sein«, – das habe ich schon oft gedacht, wenn ich im Frühling an den Wiesen und Feldern der Südlichen Weinstrasse entlangwanderte. Das pralle, knackige Gemüse strotzt vor Saft und Kraft, daß man die Felder am liebsten roh abfressen möchte. Und eine der edelsten Feldfrüchte gedeiht nirgendwo auf der Welt so gut wie auf unserer Scholle: Pfälzer Kohlrabi.

Dazu braucht man 6 bis 8 feldfrische Kohlrabi, die bei uns zur Zeit der Reife in vielen Dörfern auf der Straße angeboten werden. Man schält sie sauber und schneidet sie in bleistift-dicke Stifte. Auch das Grün der jungen Blätter zupft man von den Rippen ab und legt es beiseite. 4 Eßlöffel Butter zergehen lassen, die Kohlrabi untermischen, mit Salz und Pfeffer würzen und im geschlossenen Topf etwa 20 Minuten im eigenen Saft dünsten. Wenn die Probe ergibt, daß die Kohlrabi gar sind, mischt man das Blattgrün und 1 Eßlöffel gehackter Petersilie darunter. Nochmals mit frischem Pfeffer, Salz und Muskat abschmecken und servieren. »Gequellte« (Pellkartoffeln) mit Butterflöckchen schmecken köstlich dazu. Auch knusprig gebackene Frikadellen sollten nicht fehlen. Oder frische Bratwurst. Oder ein Kotelett vom Schweinehals. Und Wein auch nicht.

Zutaten
6 bis 8 Kohlrabi
4 EL Butter
Salz, Pfeffer, Muskat
1 EL gehackte Petersilie

Pfälzer Winzer beschließen eine gesellige Runde niemals ohne (mindestens) einen Trollschoppen. Das zylindrische Glas macht die Runde, der Wein funkelt und die Augen glänzen ...

Geschmorter Lauch

Zutaten
10 bis 12 Lauch-stangen
1/4 l süßen Rahm
1/4 Pfd. geriebenen Käse
3 Eier
Salz, Pfeffer, Muskat

Die Zeiten, da man den frischen Lauch »den Spargel armer Leute« oder gar »polnischen Spargel« nannte, sind wohl längst vorbei. Aber: In der feinen Küche taucht er stets als fadendünne, halbgegarte Streifchen von Streichholzlänge auf. Seine Funktion ist mehr dekorativ als degustativ. Wenn Sie den Lauch so kraftvoll grün, prall und knackig dicht gedrängt auf unseren Feldern wachsen sehen, dann bekommt man hierzulande auch Hunger auf ein Lauch-Gericht, das satt macht. Zum Beispiel den Geschmorten Lauch.

10 bis 12 Lauchstangen mittlerer Dicke waschen und die grünen Blätter abschneiden. In etwa 10 Zentimeter-Stücke schneiden und in reichlich Salzwasser sprudelnd »knackig« kochen! 1/4 Liter süßen Rahm mit 1/4 Pfund geriebenem Käse, 3 Eiern, Salz, Pfeffer und Muskat verquirlen. Den Lauch abtropfen lassen, in einen feuerfesten Topf schichten, mit der Rahm-Mischung übergießen und im sehr heißen Ofen überbacken. Wenn die Oberfläche braun wird, soll er serviert werden. Wir essen Gequellte (Pellkartoffeln) und trinken ein paar Schoppen dazu.

Pfälzer Zwiwwel-Salat

Schon gut, – wir geben ja zu, daß an der Südlichen Weinstrasse, unterhalb des wogenden Rebenmeeres auch Zwiebeln wachsen. So prall und saftig, daß es hierzulande mehr delikate Zwiebel-Gerichte gibt als anderswo. Eines der beliebtesten ißt man zu Kessel-Fläsch bei Schlachtfesten oder auch zu einer mannhaften Portion gut gewürzten Schweine-Mett. Wir meinen den Pfälzer Zwiwwel-Salat.

Große Zwiebeln pellen und in möglichst feine Ringe hobeln. In kochendem Wasser 3 Minuten blanchieren, abgießen und abtropfen lassen. Salzen, pfeffern, mit Pflanzenöl und Weinessig marinieren. Glatt soll er sein und nur fein-säuerlich. Eine gute Stunde sollte der Salat schon ziehen. Dann abschmekken, nachwürzen und dabei unbedingt mit Zucker abrunden. Streichen Sie das Ganze bitte nicht aufs Bauernbrot, sondern schaufeln Sie Mett und Zwiwwel ungeniert auf direktem Weg. Brot ißt man nebenher. Und wenn Sie dazu den süffigen Pfälzer Silvaner schlürfen (ja, ja, – hier muß man schlürfen), dann wird es leicht ein Schoppen mehr, als Sie sich vorgenommen haben.

Zutaten
Zwiebeln
Salz, Pfeffer
Pflanzenöl, Weinessig
Zucker

Pfälzer Krautsalat

Zutaten
Weißkohl
1/2 Pfd. Räucherspeck
Salz, Pfeffer
Kümmel
etwas Weinessig
evtl. etwas Pflanzenöl

»Gelobt sei, was Dorscht macht.« Dieses Pfälzer Tischgebet wird verzeihlich, wenn man die goldenen Weine der Rheinpfalz lieben gelernt hat. Und für den Durst sorgen Pfälzer Gerichte allemal. Probieren Sie einmal unseren Pfälzer Krautsalat.

Frischen Weißkohl sehr fein schneiden (grobe Rippen 'raus), in Salzwasser dünsten bis er weich, aber noch etwas knackig ist. Das dauert so etwa 5 Minuten. Dann abschütten und gut abtropfen lassen. 1/2 Pfund Räucherspeck würfeln, anrösten und ohne das Fett zum Kraut geben. Mit Salz, Pfeffer, reichlich Kümmel und etwas Weinessig gut durchmengen. Wer's etwas glatter liebt, kann noch etwas Pflanzenöl dazutun. Gut durchziehen lassen! Das ist zum Schweinebraten, zu Wellfleisch, Bratwürsten und Fleischklößen ein knackig-pikantes Vergnügen. Und weil er fein-säuerlich schmecken muß, darf der Wein dazu ruhig etwas kräftiger sein. Fangen Sie doch 'mal ganz langsam mit einem Schoppen Ruländer an ...

Grieweworscht-Salat

Pfälzischer geht's nicht. Die Grieweworscht (Blutwurst mit Speckstückchen) ist eines der wichtigsten Ergebnisse der Schlachtfeste bei Bauern und Winzer unseres Landes. Wenn diese richtig gewürzt und sanft geräuchert und mit der Zeit halbfest geworden ist, dann läßt man den Metzger noch nach vielen Wochen des denkwürdigen Ereignisses bei einem Schoppen Pfälzer Weines hochleben. Und dieses Gericht ... 'na lesen Sie selbst.

2 Zwiebeln pellen, in Ringe schneiden, in Pflanzenöl leicht anrösten. Gut 1 Pfund Grieweworscht und 2 große, feste, säuerliche und entkernte Äpfel (mit Schale!) in etwa 1 Zentimeter dicke Scheiben schneiden. Die Apfelscheiben vierteln. Die Wurst zu den Zwiebeln geben, anrösten und dann erst die Äpfel zugeben. Die sollen nicht zerfallen.

Eine Marinade aus 2 Eßlöffel Öl, 1 Teelöffel scharfem Senf, 3 bis 4 Eßlöffel Weinessig, Salz, Pfeffer und ein paar zerpflückten Kräuterblättchen bereiten. (Majoran, Liebstöckel, Petersilie, Zitronenmelisse oder was man sonst hat.)

Marinade gut untermischen und den Salat mit Bauernbrot warm servieren. Wenn Sie sich trauen, dann reichen Sie einmal keinen kräftigen Schoppen dazu. Sie werden dann hören, wie lautstark Pfälzer Worscht nach Pfälzer Wein schreit. Denn Worscht macht Dorscht – und Dorscht macht hungrig ... usw.

Zutaten
2 Zwiebeln
1 Pfd. Grieweworscht
2 Äpfel
2 EL Öl
1 TL Senf
3 bis 4 EL Weinessig
Salz, Pfeffer
Kräuter

Pälzer Worscht-Salat

Zutaten
1 Pfd. roten Schwartenmagen
1 Pfd. weißen Schwartenmagen
2 große Zwiebeln
1 TL Kümmel
8 EL Öl
3 EL Weinessig
Salz, Pfeffer

»Vor dem Dorscht und nach dem Dorscht – immer schmeckt die Pälzer Worscht.« Mit dem gesunden Durst ist natürlich der auf Wein gemeint. Auf die reifen, fruchtigen Weine unserer schönen Pfalz. Aber mit der Worscht – da tun wir uns im Land des Weines und der Würste schwer. (Einmal in Ihrem Leben sollten Sie ein Pfälzer Schlachtfest mitmachen, um diese verschwenderische Vielfalt würziger, wurstiger Deftigkeiten kennenzulernen.) Hier ein Beispiel von weit über hundert Wurst-Rezepten: Pälzer Worscht-Salat.

Für eine Stammtisch-Runde braucht man gut und gerne je 1 Pfund roten und weißen Schwartenmagen in fingerdicken Scheiben. Diese schneidet man in feine Streifen und vermischt sie gut mit 2 großen, feingehackten Zwiebeln, 1 Teelöffel Kümmel, 8 Eßlöffel Öl und 3 Eßlöffel Weinessig. Gut mit Salz und Pfeffer würzen und 1 Stunde ziehen lassen. Und wenn sie nicht glauben, daß Sie dazu und danach eine ganze Reihe schönster Schoppen trinken können ... dann probieren Sie es 'mal!

Pfälzer Specksalat *frei nach Liselotte von der Pfalz*

Kartoffelsalate gibt es so viel verschiedene wie es Landschaften oder gar Hausfrauen gibt. Dieser jedoch ist wohl der deftigste der Welt. Wir Pfälzer sagen gerne unserer Nationalheiligen, der Liselotte von der Pfalz, eine Leidenschaft dafür nach. Jedenfalls schrieb sie am Königshof zu Versailles sehnsuchtsvolle Zeilen darüber in die Heimat. Und wenn uns jemand nachweist, daß es zur Zeit der Liselotte noch gar keine Kartoffeln in Europa gab, dann kann das einen rechten Pfälzer nicht erschüttern. Hier also Pfälzer Specksalat.

2 Pfund Kartoffeln garen, schälen, warm in Scheiben schneiden und mit heißer Fleischbrühe gut durchfeuchten. 250 Gramm durchwachsenen Räucherspeck und 2 mittlere Zwiebeln feinwürfeln, in der Pfanne goldgelb anrösten und zusammen mit dem Fett vorsichtig unter die Kartoffelscheiben mengen. Mit Salz, Pfeffer und 1 Schuß Weinessig abschmecken. Der Specksalat soll herzhaft, aber nicht zu sauer sein. Dazu schmeckt natürlich alles Fleischige, – besonders aber frische, knusprige Bratwurst. Der »Dorscht« auf herzhaften, vollmundigen Wein stellt sich dabei ganz von alleine ein. Der echte Pfälzer »verdrückt« von beidem sagenhafte Mengen ...

Zutaten
2 Pfd. Kartoffeln
Fleischbrühe
250 g Räucherspeck
2 Zwiebeln
Salz, Pfeffer
Weinessig

Die Geschichte der Rebenblüten-Bowle

Nirgendwo sonst auf der Welt als hier im 2000jährigen Weinland der Pfalz konnte sie erfunden werden – die sagenumwobene Rebenblütenbowle. Und auch wohl von niemandem sonst als von Philipp Cuntz, dem Winzer aus Schweigen, gleich an der Grenze zum Elsaß.

Viele Jahre seines Winzerlebens träumte er von einer Wein-Bowle, die nicht durch artfremde Früchte und Würze ihrer geschmacklichen Eigenart beraubt würde. Und wahrhaft im

Traum kam ihm der Gedanke, daß dies nur durch den wundersamen Duft der Rebenblüte geschehen könne. Viele Jahre stellte er Versuche damit an, bis er dann das einzig mögliche Rezept herausgefunden hatte. Wohl den paar Freunden, die noch Gelegenheit hatten, diese köstlichste aller Wein-Bowlen von ihm persönlich dargereicht zu bekommen.

Gewiß, – Sie werden kaum Gelegenheit haben, Rebenblüten-Bowle selbst zu bereiten. Zu kostspielig ist die wichtigste Zutat: Die Rebenblüten. Und dennoch kann es geschehen, wenn Sie zur Zeit der Rebenblüte – um den 20. Juni herum – die Pfalz besuchen, daß ein Winzer bei der Weinprobe Ihnen ein Gläschen vom Zaubertrunk einschenkt. Aber dann müssen Sie ihm schon sehr, sehr sympathisch sein.

Hier das Original-Rezept von Philipp Cuntz: Von den gerade eben erblühten, betörend duftenden Gescheinen (so nennt der Winzer die Rebenblüten) pflückt man im trockenen Zustand gut 250 Gramm und übergießt sie in irdenem Topf mit 2 Liter eines trockenen Weines. Am besten Silvaner oder Weißer Burgunder. Nach 20 Minuten gießt man sie durch ein Mulltuch ab und drückt sie mit den Händen aus. Dazu kommt ein weiterer Liter desselben Weines, eine Flasche trockenen Sekt und eine Flasche Sprudelwasser. Wichtig: 1 Eßlöffel vom besten Rum und 2 bis 3 Eßlöffel Zucker.

Niemals eine Spät- oder Auslese verwenden und niemals einen bukettreichen Wein. Duft und Geschmack der Rebenblüten sind so zart und flüchtig, daß man sie nur als aromatischen Hauch verspürt. Den aber werden Sie nie mehr vergessen. Und auch nicht die seelische Beschwingtheit, die dieser Göttertrunk vermittelt. Und ganz gewiß auch nicht das Land, die Leute und ihren Wein, die solche Köstlichkeit zu bescheren wußten.

> Doch nähert sich solch einem Schoppen Mein Herz... dann überwallt's... 's is halt e verflucht feiner Troppen, ich segne die Hügel der Pfalz
>
> Victor v. Scheffel

Pifferling un an're Pilze

Pälzer Pilzfläsch

Zutaten
500 g Kalbfleisch
1 l Salzwasser
6 Pfefferkörner
1 Nelke
1 Zwiebel
500 g Waldpilze
Butter
50 g Mehl
Kümmelpulver
Salz, Pfeffer
1 Prise Zucker
1 Schuß Rotwein

Bei uns wachsen so viele Pilze, daß unsere Gäste in guten Jahren körbeweise getrocknete Pilze aller Art heimbringen. Darum führt man dort auch seit vielen Jahren Pilz-Seminare durch. In reizvoller Umgebung und unter fachkundiger Leitung werden Sie unvergeßliche Tage erleben. Und dabei lernen Sie auch Pfälzer Pilzfläsch kennen:

500 Gramm Kalbfleisch aus der Keule in grobe Würfel schneiden, in 1 Liter Salzwasser mit 6 Pfefferkörner, 1 Nelke und 1 ganzen geschälten Zwiebel zum Kochen bringen. Das Fleisch bei geringer Hitze darin in 30 Minuten garen. Fleisch herausnehmen und die Brühe aufheben.

500 g Waldpilze (ersatzweise 1 mittelgroße Dose Büchsenpilze oder 1 gute Handvoll getrocknete Pilze) putzen, in Würfel schneiden und in sehr heißer Pfanne in Butter andünsten. Dann mit 50 Gramm Mehl bestäuben und mit Kümmelpulver würzen. Das Kalbfleisch hineingeben, heiß werden lassen, mit Salz, frischem Pfeffer und 1 Prise Zucker nachwürzen. Abschmecken. 1 Schuß Rotwein dazugeben, wenn Sie etwas mehr Soße haben wollen. Wer so richtig schlemmen und schlürfen will, der bereitet sich unsere Nudel-Spatzen dazu, die bekanntlich im Schwäbischen Spätzle oder Knöpfle heißen. Die lassen sich so schön mit dem Pilzfläsch mengen, mit frischem Pfeffer aus der Mühle überwürzen und dann – wenn man das Schoppenglas mit kühlem, frischem Silvaner gefüllt hat – frohen Herzens genießen ...

Pfälzer Pilztopf

Zutaten
Fleischbrühe
500 g Langkornreis
500 g Waldpilze
2 Zwiebeln
5 Scheiben Speck
1 EL Zitronensaft
2 EL Petersilie
Butter

Nun weiß man heute leider nicht mehr, wie der Reisanbau von der Pfalz nach Fernost gelangt ist. Tatsächlich hat der Weltreisende Marco Polo den Reis schon 1282 in China und 1293 in Indien angetroffen. Seitdem bauen wir keinen Reis mehr an, weil es ihn geschält und ungeschält beim Kaufmann an der Ecke bequemer zu kaufen gibt. Die Pilze aber für folgendes Gericht stammen nach wie vor aus dem Pfälzer Wald.

In reichlich Salzwasser, in das man einen Würfel Fleischbrühe gibt, kocht man sprudelnd 500 Gramm Langkornreis 15 Minuten. Dann sofort abgießen und in einem Sieb kalt abschrecken. 500 Gramm Waldpilze putzen, grob würfeln und mit 2 mittelgroßen Zwiebeln und 5 Scheiben Speck, alles gewürfelt, – bei großer Hitze in der Pfanne dünsten. Dann in eine ausgebutterte feuerfeste Form die Hälfte vom Reis geben und mit 1 Eßlöffel Zitronensaft und 2 Eßlöffel gehackter Petersilie würzen. Die Mischung aus Pilzen, Zwiebeln und Speck darübergeben und darauf die andere Hälfte Reis verteilen. Etwas andrücken und reichlich Butterflöckchen daraufsetzen. Den Topf bei etwa 200 Grad im vorgeheizten Backofen 30 Minuten backen.

Die meisten Pfälzer essen nur frischen grünen Salat dazu, um den feinen Pilzgeschmack auszukosten. Wer mehr Hunger hat, verschmäht aber auch keinen saftigen Braten, dessen Soße allemal damit harmoniert.

Pälzer Pilz-Knepp

Zutaten
1 Zwiebel
30 g Pflanzenfett
400 g Pilze
400 g Hackfleisch
3 Eier
100 g Semmelbrösel
1 Brötchen
2 EL gehackte Petersilie
Salz, Pfeffer, Paprika
Muskat

Der Pfälzer Wald ist das größte zusammenhängende Waldgebiet Deutschlands. Hier wachsen in üppiger Menge und Vielfalt wilde, süße Beeren und köstliche Pilze. Hier ist ein Pilz-Rezept von Johanna Arnold aus Kandel, die mit ihrem Mann in der Pfalz seit über fünf Jahren eine Pilz-Beratungs-Stelle betreibt und auch Ihnen gerne helfen wird, wenn Sie uns besuchen und sich einmal an Pilze so richtig satt essen wollen.

1 feingehackte Zwiebel in 30 Gramm Pflanzenfett goldgelb dünsten. 400 Gramm gehackte Pilze dazugeben und bei großer Hitze schmoren, bis aller Saft verdampft ist. Abkühlen lassen und mit 400 Gramm Hackfleisch, 3 ganzen Eiern, 100 Gramm Semmelbrösel, 1 eingeweichten, ausgedrückten Brötchen, 2 Eßlöffel gehackter Petersilie gut vermengen und mit Salz, Pfeffer, Paprika und Muskat würzen. Knepp (kleine Klöße) formen und im heißen Fett beidseitig braun braten. Grüner Salat und frisches Bauernbrot schmecken köstlich dazu. Und natürlich ein kühler Schoppen Silvaner aus der Heimat der Pilze. Im Zweifel aus der Pfalz.

Waldpilz-Suppe

Weil die Südliche Weinstrasse bei allem Überfluß auch noch in das größte deutsche Waldgebiet, dem Pfälzer Wald reicht, ist unser Tisch mit Wild und Beeren und Pilzen reich gedeckt. Hier ein leckeres, lockeres Süppchen aus Pilzen.

400 Gramm Wald-Mischpilze putzen, waschen und die Hälfte sehr klein hacken. 1 feingehackte Zwiebel in 50 Gramm Butter glasig dünsten und die gehackten Pilze 20 Minuten lang schmoren. Mit 50 Gramm Mehl bestäuben, anschwitzen, 1 1/2 Liter kräftige Fleischbrühe zugießen und 1 Stunde köcheln. Die restlichen Pilze grobwürfeln und in wenig Brühe, der man 1/4 Liter Weißwein zugibt, garen. Vor dem Servieren in die Suppe geben, mit Petersilie bestreuen und auftischen. Knuspriges, graues Brot schmeckt dazu. Und ein frischer, fruchtiger Silvaner-Wein aus der Pfalz.

Zutaten

400 g Wald-Mischpilze
1 Zwiebel
50 g Butter
50 g Mehl
1 1/2 l Fleischbrühe
1/4 l Weißwein

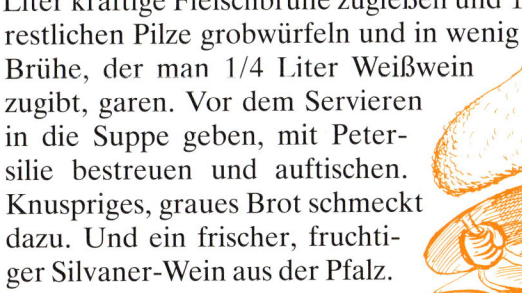

Zwiwwel-Nudeln

Zutaten
1/2 Pfd. Bandnudeln
3 Zwiebeln
Schmalz
125 g Dörrfleisch
4 Eier
Pfeffer
Schnittlauch

Dies ist ein derber Pfälzer-Schmaus, der – pardon – zum Überfressen verführt. Und der nicht für Leute erfunden wurde, die jeden Leckerbissen mißtrauisch beäugen, – ob er der wohlbehüteten Figur schade. Und noch ein Vorteil: Dieses Gericht ist schnell und leicht zu kochen, selbst für Leute, die schon ein Spiegelei für ein kulinarisches Kunstwerk halten. Hier sind sie, unsere Zwiwwel-Nudeln.

1/2 Pfund Bandnudeln in reichlich Wasser sprudelnd kochen, mit kaltem Wasser abspülen und gut abtropfen lassen. 3 große Zwiebeln in Ringe schneiden und in Schmalz gardünsten. Sie dürfen leicht gebräunt sein. 125 Gramm durchwachsenen Speck in schmale Streifen schneiden und in der Pfanne leicht anrösten. Zusammen mit den Zwiebeln unter die Nudeln mischen. In die gut geschmälzte Pfanne geben und 4 verquirlte Eier darübergießen. Bei zugedeckter Pfanne stocken lassen. Frischen Pfeffer und – falls vorhanden – gehackten Schnittlauch darübergeben.

Nun noch schnell einen gewaltigen Schluck vom köstlichen Wein, – denn jetzt wird's ernst. Den mächtigen Nudel-Kuchen aus der Pfanne auf eine Platte gleiten lassen, – Ärmel aufkrempeln und 'ran! Kinder, – gibt das einen Dorscht! (Gleichgültig ob Silvaner, Müller-Thurgau oder Riesling – nur reichlich muß er sein.)

Nudel-Spatzen

Zutaten
1/2 Pfd. Mehl
5 Eier
1/2 Tasse Wasser
1 EL Öl
1/2 TL Salz
Butter

Gute Fleischsoßen verdienen würdige Soßenträger! Und zwar in Gestalt von Kartoffeln, Klößen, Knödeln, Knepp, Schneebällcher – bis hin zu den sogenannten Spatzen. Auch Spätzle genannt. Was soll's? Schließlich gehörte auch das schwäbische Bayern einmal zur Pfalz. Oder war es umgekehrt? Auf die Schmackhaftigkeit jener kleinen, goldgelben knopf- oder fadenförmigen Mehlspeise hat dies gottlob keinen Einfluß.

Dazu braucht man ein Gerät, das unverständlicherweise »Spätzle-Schwab« heißt. Aus 1/2 Pfund Mehl, 5 ganzen Eiern, 1/2 Tasse Wasser (am besten Sprudel), 1 Eßlöffel Öl und 1/2 Teelöffel Salz bereitet man mit dem elektrischen Handrührer einen Teig. Er muß so lange gerührt werden, bis er sich ohne zu kleben von der Schüssel löst. Dann soll er mindestens 2 Stunden kühl ruhen. Mittels oben genannten fremdländischen Geräts wird der Teig dann in wallendes Salzwasser geschabt, portionsweise aufgekocht und wenn sie an der Oberfläche schwimmen, die Spätzle mit dem Schaumlöffel herausnehmen, kalt abspülen und in einem Sieb abtropfen lassen. Wenn die ganze Menge fertig ist, schwenkt man sie in Butter, wärmt sie dabei auf und serviert sie heiß. Und wenn diese zarten Gebilde dann mit kräftigem Bratensaft befrachtet sind, dann werden Sie dankbar sein, daß die Bayern und die Pfälzer einmal so eng verbunden waren. Auf Euer Bier! Auf unseren Wein!

Pfälzer Himmelreich

Zutaten
Bandnudeln
Kräuteressig
Öl
1 Zwiebel
Schnittlauch
Salz, Pfeffer
Butterschmalz
2 Eier
4 EL Milch

Vor einiger Zeit hat mir eine liebe, verhutzelte Oma von der Südlichen Weinstrasse – die hier bekanntlich leicht 100 Jahre und älter werden, weil sie täglich ihren Schoppen Wein trinken – ein seltsames, altes Rezept erzählt. Ein Gericht von verwegener Einfachheit und umwerfendem Wohlgeschmack, das nicht ohne Grund Pfälzer Himmelreich heißt.

Kaufen Sie eine gute Sorte Bandnudeln. (Keine Italiener, weil diese ohne Eier hergestellt werden.) Die Bandnudeln kochen Sie wie üblich, achten aber unbedingt darauf, daß die Nudeln einen feinen Aufbiß behalten. Also früher als üblich abgießen und kalt abschrecken. Nach dem Auskühlen machen Sie aus der einen Hälfte der Nudeln einen Salat. Sie vermengen diese mit einer Mischung aus Kräuteressig, Öl, feingehackter Zwiebel, viel gehacktem Schnittlauch, Salz und Pfeffer. Die Marinade darf nur feinsäuerlich sein! Die andere Hälfte schmälzen Sie in der Pfanne in Butterschmalz gut ab und rühren 2 Eier, mit 4 Eßlöffel Milch verquirlt, darunter. Und nun kommt's: Beide Sorten geben Sie halb und halb – die einen heiß, die anderen kalt – auf den Teller. Dazu paßt frischer grüner Salat.

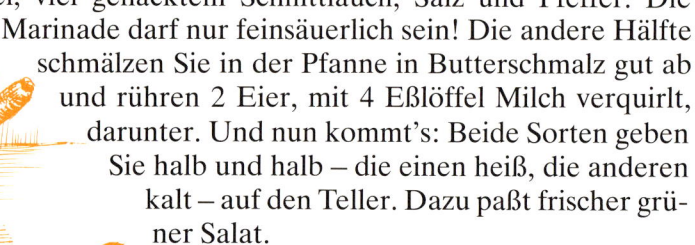

Schupfnudeln mit Kraut

Welch große Rolle die gute Pfälzer Kartoffel auf unserem Speisezettel spielt, haben Sie schon erfahren. Eine der liebenswertesten und leckersten unter zahlreichen Variationen sind zweifelsohne unsere »Schupfnudele«. Aus rein formalen Gründen werden sie in einigen Pfälzer Dörfern auch zärtlich »Buwespitzle« genannt. Ein praktischer Ausdruck, weil man damit gleich eine Vorstellung von der richtigen Größe hat.

2 Pfund gekochte Kartoffeln durchpressen, 1 Ei, 1 Prise Muskat, Salz und soviel Mehl daruntermengen, bis die Masse gut zusammenhält. Mit der Hand auf dem gemehlten Tisch fingerlange Nudeln ausrollen und diese in siedendem Wasser ziehen lassen bis sie hochkommen. Dann gut abtropfen und in Butter oder Schmalz goldgelb rösten.

Das Sauerkraut: zweimal gut waschen, kräftig ausdrücken und in Schmalz andünsten. Salz, 2 Knoblauchzehen, 1/2 Lorbeerblatt, 4 Pfefferkörner, 2 Schoppen Weißwein (= 0,5 Liter) dazugeben. Mit einem gehörigen Stück Schweinebauch und 2 bis 4 Rauchwürstchen in gut 2 Stunden gardünsten. Am idealsten geschieht dies in einem irdenen, zugedeckten Topf im Backofen.

Frischer, spritziger Riesling ist der ideale Begleiter.

Zutaten

Schupfnudele
2 Pfd. gekochte Kartoffeln
1 Ei
1 Prise Muskat
Salz
Mehl

Sauerkraut
Schmalz
Salz
2 Knoblauchzehen
1/2 Lorbeerblatt
4 Pfefferkörner
1/2 l Weißwein
Schweinebauch
2 bis 4 Rauchwürstchen

Die Weinprobe

»Bübche, des is doch ganz eefach: Erscht fühlsche, ob er dir zu kalt oder zu warm isch. Dann schnupperschde; dabei sorgschde defür, daß der Trobbe im Glas schwingt, dann gibt er mehr her. Dann guckschden dir an. Halt en gege des Kerzelischt. Klar muß er sei. Is er des nit, dann is er krank – wie e Mensch, der de Schnuppe hot. Steht er hell im Glas, dann isch er jung un leichter. Isch er dunkler, dann isch er schwerer un reifer.

Und dann schmeckschden. Mach die Zung hohl – wenn de des nit kannst, dann probier deheem bei deiner Fraa – un dann läschde drei Trobbe uf de hohle Zung no unne laafe, bis de ihn in de Gurgel hascht. Un denk draa: Es gibt Weine, die vorn alles verspreche un hinne nix halte. Und annere widder, da meenschde, wenn es vorne uf de Zung hascht, sie wärn nit viel, läschde se aber no hinne laafe, dann hawwe se e herrliche Schwanz.

Haschde se dann hinne, dann schluck se aber nit runner; dann hol se schnell widder erruff und press se mit de ganz Zung no owe, denn die Zung schmeckt nit alleens. Des isch wie im Minischderium – überall is en annere Ressort. Des eene is für kalt, des annere

für süß und des dritte is für sauer.
Probiers emol! Streck emol die Zung in
e Glas Woi und loß se drin, un dann
schreibschde uf, wie dir de Woi schmeckt.
Du merkst bloß, daß er feucht un kalt
isch ...
      Erst wenn er bis no hinne gelaafe
isch un wenn d'en an de Gaume gedrückt
hascht un wenn die ganz Ung en erlebt,
dann kannste erscht
merke, wie er wirklich
isch. Und darum sollschde
die drei Trobbe widder
eruff hole un no obbe
presse, un wenn de dann
noch was hascht zum
runnerschlürfe ... dann
war er zu leicht!«
(Aus Friedrich
A. Cornelssen
»Die fröhliche Wein-
probe«.)

Pfälzer Kraut-Krapfen

Zutaten
375 g Mehl
2 Eier
2 Eigelb
2 EL Butter
3 EL Wasser
1/2 TL Salz
200 g Rauchfleisch
500 g Sauerkraut
1 Zwiebel, Nelken
1 Lorbeerblatt
2 Knoblauchzehen
1/4 l Weißwein
Fleischbrühe

Ach, – wer macht sich heute noch die Mühe, dieses herzhafte Pfälzer Gericht zu bereiten, die Pfälzer Kraut-Krapfen?

Dazu knetet man aus 375 Gramm Mehl, 2 Eiern, 2 Eigelb, 2 Eßlöffel Butter, 3 Eßlöffel Wasser und 1/2 Teelöffel Salz einen geschmeidigen Teig und läßt ihn kühl 30 Minuten ruhen. 200 Gramm gewürfeltes Rauchfleisch im Topf auslassen, 500 Gramm Sauerkraut und 1 große nelkengespickte Zwiebel, 1 Lorbeerblatt, 2 Knoblauchzehen und 1/4 Liter herben Weißwein zum Speck geben, gut durchrühren und zugedeckt 45 Minuten im Ofen bei 250 Grad backen. Öfter umrühren.

Den Teig auf einem Küchentuch zu einem Viereck ausrollen und das abgegossene kühle Kraut – ohne Zwiebel, Nelke und Lorbeerblatt – darauf verteilen. Den Teig mit Hilfe des angehobenen Küchentuchs aufrollen und in 5 Zentimeter lange Stücke schneiden. Hochkant werden diese Stücke nun eng nebeneinander in einen gebutterten Bräter gesetzt. Dann gießt man 2 bis 3 Zentimeter hoch mit kräftiger Fleischbrühe auf und läßt dies zugedeckt bei 200 Grad 20 bis 30 Minuten dämpfen. Inzwischen ist die frische Bratwurst in der Pfanne knusprig braun, die besonders gut dazu schmeckt. Füllen Sie die Gläser mit dem bukettreichen Gewürztraminer und trinken Sie auf jenen lieben Menschen, der Ihnen dieses leibliche Vergnügen beschert hat.

Pfälzer Schneebällchen

Hier ist eine der zartesten »Kartoffel-Schöpfungen«, die es in der Pfalz gibt. Und zwar nur hier! Die Pfälzer »Schneebällcher« nämlich. Wieder so ein Rezept, über das man sich von Ort zu Ort, ja, von Haus zu Haus über die beste Machart uneins ist. Der Pfälzer Individualismus macht vor der Küche nicht halt!

Wichtigste Voraussetzung jedoch ist und bleibt eine gesunde, vollfleischige Kartoffel, und zwar keine junge, sondern eine gut abgelagerte. Ob Sie, wie manche Hausfrau, zusätzlich eingeweichte Semmel dazugeben oder Majoran mit Petersilie austauschen oder das Mehl gegen Weckmehl (Semmelbrösel) ersetzen, ist fast gleichgültig. Köstlich sind sie in jedem Fall.

10 bis 15 Kartoffeln kochen, warm schälen und erst am nächsten Tag reiben. 1 feingehackte, in Butter gedünstete Zwiebel und 4 ganze Eier dazugeben. Mit Salz, Majoran und Muskat würzen. Soviel Mehl dazugeben, bis sich der gut geschlagene Teig von der Schüsselwand löst. Mit dem Löffel eigroße Bällchen abstechen – oder mit nassen Händen formen – und in siedendem Salzwasser garen. Danach gut abtropfen lassen und sofort servieren, weil sie jetzt am duftigsten und lockersten sind. Besonders lecker sind sie, wenn sie bei Tisch mit gebräunter Butter übergossen werden. Auch Schneebällchen sind hervorragende Soßenträger für alle Braten und Gulasch. Überflüssig zu sagen, daß ein paar Schoppen fruchtig-frischer Weine prima dazu passen.

Zutaten
10 bis 15 Kartoffeln
Zwiebel
Butter
4 Eier
Salz, Majoran
Muskat
Salzwasser

Grüne Knepp

Zutaten
1 Pfd. Spinat
1 große Zwiebel
1 EL Butter
250 g Weckmehl
2 Eier
1 EL Petersilie
1 EL Schnittlauch
Mehl
Schmalz
Fleischbrühe (Würfel)
Salz

Fruchtbarer als in der Pfalz – und sonniger dazu – kann es im Paradies auch nicht gewesen sein. Davon profitieren nicht nur unsere reifen, fruchtigen und vollmundigen Weine, sondern auch die knackig-frischen Gemüse unserer fruchtbaren Erde. Aus unserem schönsten Frühlingsgemüse, dem Spinat, machen wir ein Pfälzer Lieblingsgericht: Grüne Knepp.

1 Pfund Spinat und 1 große Zwiebel fein schneiden und mit 1 Eßlöffel Butter 5 Minuten dämpfen. Nach dem Auskühlen 250 Gramm Weckmehl, 2 ganze Eier, je 1 Eßlöffel Petersilie, Schnittlauch, Mehl und Schmalz und etwas Salz gut damit verkneten. 1 Stunde ruhen lassen. Dann mit feuchten Händen ei-große Klöße formen und in sehr heißer Fleischbrühe etwa 10 Minuten ziehen lassen.

Dazu passen Meerrettich- oder Kapernsoße mit Rindfleisch, Bratwurst und Kartoffelbrei. Das schmeckt so frisch, daß wir einen wohltuend sanften Silvaner wärmstens – aber gut gekühlt – dazu empfehlen möchten.

Kartoffel-Knepp *(ganz feine Art!)*

Ein Pfälzer, den es in andere deutsche Regionen verschlagen hat, steht in der Gastronomie dem Angebot an ebenso lieblosen wie soßenlosen Pfannengerichten recht ratlos gegenüber. Ein trauriges Los. Denn bei uns gebührt der kräftigen Soße die gleiche Achtung und Ehre wie dem Fleisch, dem sie entstammt. Wozu sonst brauchten wir unsere herrlichen Grumbeere, Schneebällcher und Kartoffel-Knepp – denn als Soßenträger?

Wenn Besuch kommt, machen wir von Letztgenannten eine Art Luxusausführung.

12 Kartoffeln in der Schale am Vortag kochen und am nächsten Tag stampfen oder durchpressen. Hier ein Industrieprodukt zu verwenden, wäre für eine Pfälzer Hausfrau schwer – nein gar nicht – vorstellbar. So sehr diese auch gemeinhin den arbeitsreichen Alltag erleichtern mögen.

1 feingehackte Zwiebel und 1 Bund gehackte Petersilie in 1/4 Pfund Butter glasig dünsten. Zusammen mit 4 ganzen Eiern unter den Kartoffelteig arbeiten und gut durchkneten. Mit Salz, Pfeffer und Muskat würzen. Mit nassen Händen eigroße »Knepp« formen und in köchelndem Salzwasser etwa 15 Minuten ziehen lassen. Gut abtropfen und heiß servieren. Wenn diese seidig-zarten Gebilde auf dem Teller dann mit kräftig-fleischiger, ganz leicht gebundener Soße übergossen werden, das Stück Braten daneben nicht zu klein ausgefallen ist und vor allem der reife, vollmundige Schoppen daneben vom Gastgeber aufmerksam nachgefüllt wird, dann ... Herz, was begehrst du mehr?

Zutaten
12 Kartoffeln
1 Zwiebel
1 Bund Petersilie
1/4 Pfd. Butter
4 Eier
Salz, Pfeffer, Muskat

Hoorige Knepp

Zutaten
2 Pfd. rohe Kartoffeln
1 Pfd. gekochte Kartoffeln
1/4 Pfd. Weckmehl
3 Eier
3 EL Mehl
Salz

Nun besteht die Pfalz natürlich nicht nur aus Rebenhängen. Viel Wald ist da – und im flachen Teil eine satte Scholle, die gesundes, üppiges Gemüse und vor allem berühmte Kartoffeln hervorbringt. Drum werden die »Grumbeere«, wie die Erdäpfel hierzulande heißen, in unglaublich vielen Variationen bereitet und hochgeschätzt. Zu den stammestreuesten, urigsten Kartoffelgerichten gehören seit alters her die Hoorige Knepp.

Kartoffelklöße heißt das. »Hoorig« deshalb, weil sie haarig aussehen, wenn man sie von Hand reibt. 2 Pfund roh-geriebene, gut ausgepreßte Kartoffeln und 1 Pfund gekocht-geriebene mit 1/4 Pfund Weckmehl, 3 ganzen Eiern, 3 Eßlöffel Mehl und etwas Salz zu einem Teig zusammenkneten. Mit nassen Händen Klöße formen und in siedendem Wasser 20 Minuten ziehen lassen. Dann gut abtropfen und in gebräunter Butter abschmelzen. Mit dickem, saurem Rahm begießen. Köstlich auch zu allen Braten, Wild und Schweinepfeffer – als Soßenträger. Ein ebenso handfestes wie wohlschmeckendes Leibgericht der Pfalz. Mit jungem, trockenem Weißwein kann man davon unglaublich viele verzehren.

Pfälzer Dampfnudeln

Mit der Kunst, Dampfnudeln zu backen, fängt in der Pfalz die perfekte Hausfrau erst an! Dampfnudeln gehören zur Pfälzer Küche wie der Wein zum Keller. Duftig-locker, seidenhäutig müssen sie sein – und am Boden eine knusprige goldgelbe Kruste haben. Wir essen sie zur Kartoffelsuppe, mit Pflaumenkompott, mit Weinschaumsoße, – und den Rest am Nachmittag zum Kaffee. Und natürlich zum Wein!

Bereiten Sie einen Hefeteig aus 2 Pfund Mehl, 60 Gramm Hefe, knapp 1/2 Liter Milch, 70 Gramm Zucker, 120 Gramm gelöste Butter, 2 ganzen Eiern, 2 Eigelb extra, Salz und etwas abgeriebene Zitronenschale. An einem warmen Ort zugedeckt gehen lassen. Dann eigroße Stücke ausstechen, rundformen und auf gemehltem Brett nochmals gehen lassen.

In einem flachen, gutschließenden Topf (ein eiserner wäre ideal) fingerhoch Wasser oder Milch, 2 Eßlöffel Butter und etwas Salz geben, aufkochen lassen und dann die Nudeln einsetzen.

Solange kochen, bis die Flüssigkeit verdampft ist und es nach den knusprig braunen Krüstchen riecht. Um Gottes willen den Deckel vorher nicht abnehmen! Warm servieren. Mit Weinschaumsoße oder ... (siehe oben).

Der Wein dazu kann würzig, aromatisch sein wie die goldenen Gewürztraminer und der blumige Morio-Muskat.

Zutaten
2 Pfd. Mehl
60 g Hefe
knapp 1/2 l Milch
70 g Zucker
120 g Butter
2 Eier
2 Eigelb
Salz
abgeriebene Zitronenschale

Eschkopf
Hofstätten
Hauenstein
Wilgartswiesen
Taubensuhl
Spirkelbach
Rinnthal
Wernersberg
Eußerthal
Annweiler
Gräfenhausen
R. Ramburg
Dernbach
Ramberg
R. Neuscharfeneck
Birkweiler
Albersweiler
Ludwigsturm
R. Rietburg
St. Annakapelle
Leinsweiler
Ranschbach
Deutsche Weinstraße
Gleisweiler
Ilbesheim
Siebeldingen
Frankweiler
Burrweiler
Schloß
Ludwigshöhe
Weyher
Kleine Kalmit
– Arzheim
– Godramstein
Flemlingen
– Wollmesheim
Böchingen
Hainfeld
Rhodt
Landau
Roschbach
– Mörzheim
Walsheim
– Nußdorf
Edesheim
Knöringen
– Dammheim
– Queichheim
Groß-,
Essingen
Fischlingen
Bornheim
Klein-
– Mörlheim

Jungfernsprung
Dahn
Wieslautern
Nothweiler
Busenberg
Bobenthal
Berwartstein
Rödelstein
R. Lindelbrunn
Darstein
Erlenbach
Vorderweidenthal
Dimbach
Seehof
Hirzeck
Wild- und Wanderpark
»Südliche Weinstraße«
Gossersweiler
Hohe Derst
Stein
Stäffelsbergturm
Bollenborn
Birkenhördt
Blankenborn
Silz
Dörrenbach
Münchweiler
Schweigen-
Deutsche Weinstraße
R. Landeck
Oberotterbach
Gleiszellen-
Gleishorbach
Bad Bergzabern
Deutsche Weinstraße
Pleisweiler-
Oberhofen
Klingenmünster
Kapellen-
Drusweiler
Heuchelheim
Klingen
Niederotterbach
Oberhausen-
Barbelroth
Dierbach
Billigheim - Ingenheim
Hergersweiler
Schaidt
Winden
Freckenfeld
Rohrbach
Steinweiler
Minfeld

Pfälzer Kochbuch.

Eine Sammlung

von 1002 praktisch bewährten Kochrecepten aller Art, begründet auf 30jährige Erfahrung.

Nebst einem Anhange

von 28 verschiedenen Speise-Zetteln.

Den deutschen Frauen und Töchtern gewidmet

von

Anna Bergner,

frühere Gastwirthin zu den vier Jahreszeiten in Dürkheim a. H.

Mannheim.
Verlag von Tobias Löffler.
1858.

Dies ist die Original-Titelseite des klassischen Kochbuchs aus der Pfalz. Die Gastwirtin Anna Bergner schrieb es im Jahre 1858 und auch dieses Buch diente uns als Quelle und zum Nachweis pfälzischen Ursprungs der Rezepte

Anmerkung der Verfasserin zum Titel dieses Buches.

Wegen des Titels, den ich diesem Werkchen zu geben mir erlaube und der Manchem als einseitig weniger zweckentsprechend erscheinen dürfte, da der Inhalt doch die **deutsche Küche** schildern soll, kann ich zur Rechtfertigung nur anführen, daß die Pfalz, als das Paladium des deutschen Reiches, als die Perle an der deutschen Kaiserkrone betrachtet wurde, — daß sie zur Zeit der deutschen Reichsherrlichkeit mit den schönsten Schlössern und reichsten Abteien und Klöstern erfüllt war, in welchen Sitzen des Adels und Clerus als dem Gremium der Bildung, des **Comforts** und des Luxus bei dem Reichthum der Producte, welche unter einem fast südlichen Himmel und heitern Klima der fruchtbare Boden hervorbrachte, auch die feinste Küche gefunden wurde und die ausgebildete Kochkunst heimisch war, die bis zur Gegenwart, ja auf die spätesten Enkel des lebensfrohen pfälzischen Volksstammes sich vererbt hat.

Wer so manches hohe Lob auf die Pfälzer Küche in diesem Büchlein für eine Übertreibung hält, der lese, was wir im historischen Pfalz-Kochbuch von Anna Bergner gefunden haben ...

Enkenbach
Imsbach
Alsenbrück-Langmeil
yer
Alsenborn
Sippersfeld
Eiswoog
Frankenstein
Isenachweiher
Ramsen
Eise
Carlsberg
Altleiningen
Hettenleidelheim
Höningen
Wattenheim
Tiefer
Ungeheuersee
Battenberg
Weilerskopf
schutzpark
Bismarckturm
Bobenheim a. Berg
R. Hardenburg
Peterskopf
– Leistadt
Weisenheim
a. Berg
Herzogweiher
R. Limburg
Gondelbahn
Eckkopfturm
Deutsche Weinstraße
– Ungstein
Kallstadt
Herxheim
Turnerehrenmal
Wachenheim
R. Wachtenburg
Bad Dürkheim
Freinshe
Deidesheim
Forst
nstraße
Deutsche Weinstraße
Friedelsheim
berg
Erpolzheim
Niederkirchen
Meckenheim
Birkenheide
Gönnheim
Rödersheim-Gronau
Ellerstadt
Hochdorf

Johanniskreuz
Kaiserslautern
Hochspe
Iggelbach
Elmstein
Appenthal
Esthal
Helmbachweiher
Weidenthal
Drachenfels
R. Erfenstein
stein
Neidenfels
R. Spangenburg
Frankeneck
Totenkopf
Lambrecht
Hochwild
Lindenberg
Kalmit
Kropsburg
Weinbiet
Hambacher Schloß
enkmal
t. Martin
Hambach
Haardt
Maikammer
Neustadt-Weinstr.
Gimmeldingen
Königsbach
Deutsche Weinstraße
Diedesfeld
Edenkoben
Deutsche Wei
Mußbach
Ruppertsb
Kirrweiler
Lachen-Speyerdorf
Venningen

Gebrätelte Wein-Grumbeere

Zutaten
3 Pfd. Kartoffeln
3 Zwiebeln
Schmalz
1/4 l Weißwein
1/4 l Fleischbrühe
1 Lorbeerblatt
3 Pfefferkörner
1 Prise Salz, Pfeffer

Wenn ich von Pfälzer Gerichten spreche, dann handelt es sich natürlich stets um Kompositionen meist deftiger Art aus den Früchten, die uns dieses fruchtbare Land beschert. Ein Teil davon muß einen Umweg über den Küchenzettel unseres lieben Viehs nehmen – was letzten Endes allen zur Freude gereicht.

Pfälzischer jedoch geht es nicht, wenn wir die Früchte der Felder und der Weinberge miteinander vermählen, so wie es hier der Fall ist: Gebrätelte Wein-Grumbeere.

3 Pfund in Scheiben geschnittene rohe Kartoffeln und 3 feingewürfelte Zwiebeln in reichlich Schmalz kräftig anbraten. Häufig wenden! Dann mit je 1/2 Schoppen Weißwein (1/4 Liter) und Fleischbrühe aufgießen und 1 Lorbeerblatt, 3 Pfefferkörner, 1 Prise Salz und Pfeffer dazugeben. Zugedeckt garen lassen, bis die Kartoffeln ganz weich sind. Dann bei offenem Topf die Flüssigkeit weiter einkochen lassen, das Lorbeerblatt entfernen und eventuell nachwürzen. Unnötig zu sagen, daß dieses Gericht Durst macht. Ebenso unnötig, daß ein Schoppen frisch-fruchtigen Weines nicht ausreicht, den Durst zu löschen.

Pälzer Metzger-Pann'

Ein herrlich deftiges Gericht, das am Tag nach dem Schlachtfest mit Appetit und Leidenschaft gegessen wird und unweigerlich zu mindestens zwei Schoppen vom fruchtig-frischen Pfälzer Wein verführt.

3 mittlere, gewürfelte Zwiebeln in reichlich Schmalz glasig dünsten. Je 1/2 Pfund frisches Schweinemett, frische Leberwurst und frische Blutwurst unter die Zwiebeln rühren. (Würste aus dem Darm drücken.) Mit Majoran würzen. Nicht salzen, bitte! Unter Rühren kurz anbraten, 1 1/2 Liter Wurstbrühe (oder Fleischbrühe) zugießen, aufkochen und mit etwa 300 Gramm Buchweizenmehl (Reformhaus) in 20 Minuten andikken. Das schmeckt köstlich zu Pfälzer Kraut oder zu Bratkartoffeln. Oder auch ohne alles. Da bleibt kein Auge und kein Glas trocken ...

Zutaten
3 Zwiebeln
Schmalz
1/2 Pfd. Schweinemett
1/2 Pfd. Leberwurst
1/2 Pfd. Blutwurst
Majoran
1 1/2 l Wurstbrühe (oder Fleischbrühe)
300 g Buchweizenmehl

Brockel-Bohne mit Fläsch

Zutaten
2 Pfd. junge grüne Bohnen
2 Zwiebeln
Fett
1/2 Pfd. Räucherspeck
1 Pfd. Schweinenacken
1/4 l Fleischbrühe
Salz, Pfeffer
Bohnenkraut
1 Pfd. Kartoffeln

In einem Land, wo knackige, pralle Feldfrüchte gesundes und vollfleischiges Vieh heranwachsen lassen – wo der Sinn für harte Tagesarbeit angeboren ist – da schätzt man kräftige, fleischige Gemüse-Eintöpfe! Und zwar gut gepfeffert! Denn außer dem deftig-kräftigen Geschmack erwarten wir einen gehörigen Dorscht. Das ist ja wohl das mindeste!

Mühelos schaffen das unsere Brockel-Bohne mit Fläsch. Gut 2 Pfund junge grüne Bohnen sauber putzen und in kleine Stücke brechen. Im Topf 2 gewürfelte Zwiebeln in Fett andünsten. Bohnenstücke, 1/2 Pfund gewürfelten Räucherspeck und 1 Pfund grob gewürfelten Schweinenacken dazugeben und alles gut anschwitzen. Mit 1/4 Liter kräftiger Fleischbrühe angießen und mit Salz, Pfeffer, Bohnenkraut in 30 Minuten kochen. Dann 1 Pfund gewürfelte Kartoffeln dazugeben und zugedeckt 15 Minuten garen. Mit frisch gemahlenem Pfeffer nachwürzen und im Suppenteller mit großem Löffel servieren. Knuspriges Schwarzbrot gehört dazu. Der Rest erübrigt sich.

Pfälzer Bäcker-Ofen

Wein 'drin und Wein dazu, – so mag man es zur Pfälzer Kost am liebsten. Wie schade, daß sich Hausfrauen und Hobby-Köche immer seltener die Mühe machen, eines der deftigsten und originellsten Pfälzer Gerichte zu kochen. Dabei kann man – abgesehen von der persönlichen Freude – bei Gästen besonders viel Ehre damit einlegen!

Je 300 g vom Schweinenacken, Rindfleisch und jungen Hammel zusammen mit 3 Räucher-Mettwürsten grob würfeln. Salzen, pfeffern, mit zerquetschter Knoblauchzehe einreiben und mit Weißwein übergossen über Nacht ziehen lassen. Dann 2 Pfund rohe Kartoffeln, 4 Stangen Lauch und 4 Zwiebeln in Scheiben schneiden. Mit Salz, Pfeffer, Basilikum, Rosmarin, Majoran und 1 Lorbeerblatt würzen. Alles schichtweise in den Römertopf geben: Gemüse, Kartoffelscheiben, Fleisch usw. Einen dicken Batzen Schmalz obenaufsetzen und einen echten Schoppen (1/2 Liter) Silvaner darübergießen. Im Backofen 2 bis 3 Stunden je nach Menge garen. Dazu gibt es gar nichts, außer Wein. Fruchtig! Süffig! Bekömmlich! Reichlich!

Zutaten

300 g Schweinenacken
300 g Rindfleisch
300 g Hammel
3 Räucher-Mettwürstchen

Beize

Wein
Salz, Pfeffer
Knoblauchzehe

2 Pfd. rohe Kartoffeln
4 Stangen Lauch
4 Zwiebeln
Salz, Pfeffer
Basilikum
Rosmarin, Majoran
1 Lorbeerblatt
Schmalz
1/2 l Weißwein

Pälzer Bohnen-Gulasch

Zutaten
2 Pfd. Schweine-
nacken
5 EL Schmalz
1 Pfd. Zwiebeln
1/2 l Brühe
1 Pfd. Bohnen
1 l Salzwasser
1/2 l süßen Rahm
2 Eigelb
1 TL Milch
1 EL Petersilie
1 EL Bohnenkraut
Salz, Pfeffer, Muskat
evtl. 2 bis 3
Knoblauchzehen

Das Einfache ist oft das Beste. Und das gilt wirklich nicht allein für Speis und Trank. Man sollte einmal hungrig auf einem Pfälzer Bauernhof um eine Mahlzeit bitten. Man sollte sehen, wie die Bäuerin nur mit dem, was Stall und Garten bieten, ein Gericht bereitet, das in seiner Einfachheit vollkommen ist.

2 Pfund Schweinenacken in 2 Zentimeter große Würfel schneiden und in 5 Eßlöffel Schmalz kurz und scharf anbraten. Portionsweise! 1 Pfund Zwiebeln pellen, grobwürfeln, zum Fleisch geben und mitdünsten. Topf zudecken und 20 Minuten sanft schmoren. Dann 1/2 Liter Brühe dazugießen und nochmals 40 Minuten schmoren. 1 Pfund Bohnen putzen, waschen, in 4 Zentimeter lange Stücke schneiden und in 1 Liter Salzwasser in 10 bis 12 Minuten sprudelnd garen. Abtropfen lassen und zum Fleisch geben. 1/4 Liter süßen Rahm mit 2 Eigelb und 1 Teelöffel Milch verquirlen und unter das Gulasch rühren. 1 Eßlöffel Petersilie und Bohnenkraut untermischen und noch 10 Minuten ziehen lassen. Nicht kochen! Mit Salz, Pfeffer und Muskat abschmecken. Wer mag (und wer mag's nicht?) gibt den Bohnen noch 2 bis 3 ganze Knoblauchzehen dazu.

Der Schoppen, den die Bäuerin Ihnen dazu reichen wird, ist mit Gewißheit ein grundehrlicher Tropfen. Sie werden das schlichte, aber vollkommenere Gericht nie vergessen.

Weißkohl mit Ochsenbrust

Zutaten
1 kg Ochsenbrust
50 g Schmalz
1 Pfd. Suppengrün
3 Pfd. Weißkohl
1/2 l Weißwein
3/4 l Fleischbrühe
Majoran, 1 Nelke
1 Lorbeerblatt
5 Pimentkörner
Pfeffer, 2 bis 3
Knoblauchzehen, Salz
Muskat, evtl. Zucker

Ein kräftiger, deftiger Schlankmacher ist dieser Eintopf. Nicht gerade ein Gericht der nouvelle cuisine, aber mindestens so leicht und so lecker. Vorausgesetzt man erwischt einen Weißkohl aus der Pfalz. Und irgendein Ochse aus deutschen Landen wird das Seinige dazu tun.

1 Kilogramm magere Ochsenbrust in 50 Gramm Schmalz bei großer Hitze kräftig und schnell anbraten. Gut 1 Pfund sehr grobgewürfeltes Suppengrün (Lauch, Sellerie, Möhren, Zwiebeln) kurz mitschmoren. Mit einem Schoppen (1/2 Liter) trockenen Weißwein und 3/4 Liter kräftiger Fleischbrühe aufgießen und etwa 40 Minuten leicht kochen. Etwas Majoran, 1 Nelke, 1 Lorbeerblatt und je 5 Körner Piment und Pfeffer sowie 2 bis 3 Knoblauchzehen dazugeben. 3 Pfund Weißkohl putzen, Strunk und Hauptrippen ausschneiden, Blätter in feine Streifen schneiden und (nach 40 Minuten) zum Fleisch geben. Das Ganze weitere 50 Minuten leise kochen. Fleisch herausnehmen, in mundgerechte Stücke schneiden und in den Eintopf geben. Mit Salz, Pfeffer, Muskat und eventuell Zucker abschmecken.

Dazu schmeckt nichts anderes als kräftiges Bauernbrot mit knuspriger Kruste.

Die Elwedritsche

> Die Menschen unserer Zeit saufen nicht weniger, um mäßiger zu leben, sondern weil sie nicht mehr vertragen können.
>
> Prof. Niklas
> (Lehrer Metternichs)

Nun weiß man ja, daß der Wolpertinger in Bayern oder der Werwolf der Lüneburger Heide Fabelwesen sind. Die gibt's gar nicht. Ganz anders die Elwedritsche. Sie ist und bleibt geheimnisumwitterte Realität. Bei uns! In der Pfalz!

Die Herkunft der Elwedritsche, die in mindestens 25 verschiedenen Schreibweisen und Gestalten vorkommt, ist unbekannt. Keinem ernsthaft bemühten Forscher ist es – bisher – gelungen, ihren Ursprung aufzuklären. Aber, daß sie existiert seltsamerweise nur in der Pfalz, das wird von keiner zoologischen oder ornithologischen Fachkapazität bestritten.

Sie lebt, die Elwedritsche, wie man weiß, in den von Farnen- und Brombeergestrüpp, von Unterholz und Moospolstern durchwucherten Wäldern. In sumpfigen Wiesen fühlt sie sich, versteckt in Schilf- und Mohrgräsern, wohl. Ihre Tarnung ist so perfekt, daß arglose Wanderer auf einen halben Schritt an ihr vorbeistapfen, ohne sie zu entdecken. Doch wenn es Nacht wird, wenn der Mond das Pfälzer Land in fahlgelbes Licht taucht, dann kommt sie hervor. Und der Nebel dämpft ihr sanftes Gurren.

Keiner, der sie im Mondschein gesehen, vermag sie genau zu beschreiben. Ein heimischer Künstler, der Gernot Rumpf, hat sich aus unendlich vielen Schilderungen ein Bild gemacht und dies mit seiner Phantasie gewürzt. Er hat die Elwedritsche, ihr Leben und Treiben zu einem der schönsten Brunnen des Landes in Bronze gegossen. In Neustadt, in der Mitte der Deutschen Weinstrasse, ist er zu sehen.

Nach alter Überlieferung soll die Elwedritsche einen gar köstlichen Braten bescheren. Es sei, man hätte sie zuvor. Überliefert ist auch die äußerst komplizierte Fangmethode. Man geht, möglichst mit landfremden Gästen, bei Nacht in Wald und Wiese. Ein grober Sack gehört dazu, der einen ledernen Boden haben sollte, jedoch nicht muß. Einen Stock, in die Öffnung gestellt, macht den Sack fängig. Der Elwedritsche-Jäger muß nun eine (unbedingt hölzerne) Stall-Laterne hinter den Sack stellen und im gemessenen Abstand sehr, sehr ruhig warten, auf daß eine Elwedritsche auf dem Weg zum unbekannten Licht sich in den Sack verirrt. Das kann viele Stunden dauern. Doch wenn das Sternbild der Diana im Zenit stehen, dann kann es geschehen, daß eine neugierige Elwedritsche sich fast lautlos nähert. Ein ungeheures Erlebnis. Doch wehe, wenn ein trunkener Jäger auch nur einmal rülpst. Dann wittert die Elwedritsche den Wein. Und bekanntlich nähren sich dieselben von reifen Trauben pfälzischen Silvaners und von Weinbergschnecken, die sich an der gleichen Rebe gütlich tun. Der Futterneid vergrämt sie dann und lautlos verschluckt sie die Nacht auf Nimmerwiedersehen ...

Fläsch vun de Sau un an're Viecher

Kräuter-Nieren

Zutaten
etwa 500 g Nieren
40 g Butterschmalz
1 Zwiebel
250 g Champignons
2 Knoblauchzehen
Salz, Pfeffer, Muskat
Mehl
1 Tasse Fleischbrühe
1 Tasse süße Sahne
Majoran

Wer einmal ein Schlachtfest bei einem Winzer der Südlichen Weinstrasse miterleben durfte, der wird diese nahrhafte Orgie der Lebensfreude nie vergessen. Und wer aufpaßt, der bemerkt, daß der Metzger die zwei Nieren der hausgemästeten Pfälzer Sau gern beiseite legt. Denn daraus bereiten wir am liebsten Kräuter-Nieren.

Die waagerecht halbierten Nieren (etwa 500 Gramm) werden von Sehnen und Gefäßen sorgfältig gesäubert und 1/2 Stunde in lauwarmem Wasser geläutert. In 40 Gramm Butterschmalz werden 1 große, gewürfelte Zwiebel und 250 Gramm blättrig geschnittene Champignons bei großer Hitze gedünstet und mit 2 gequetschten Knoblauchzehen, Salz, Pfeffer und Muskat herzhaft gewürzt. Die in dünnen Scheiben geschnittenen Nieren werden in einer zweiten Pfanne in Butterschmalz sehr kurz und scharf angebraten, herausgenommen und die ausgetretene Flüssigkeit konzentriert. Dann werden die Nieren unter die Champignons gemischt, mit etwas Mehl bestäubt und mit je 1 Tasse Fleischbrühe und süßer Sahne gut gemischt. Kurz aufkochen lassen und abschmecken. In der Pfalz ist Majoran – am besten frisch gehackt – unvermeidliches Gewürz. Ebenso ein oder zwei oder drei der inzwischen recht bekannten frisch-fruchtigen und saftigen Weine!

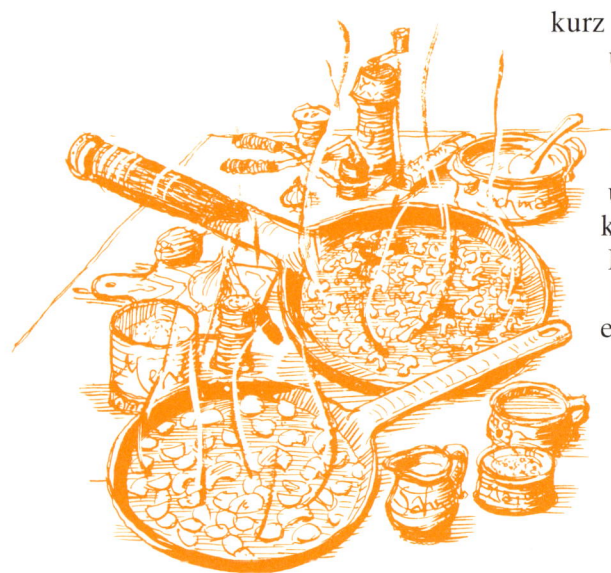

Pfälzer Saumagen

Was das Fleischige angeht, ist der »Saumagen« wohl das typischste Pfälzer Gericht und von geradezu legendärem Ruf. Nirgendwo in der Welt begegnet Ihnen etwas Ähnliches. Zugegeben: er macht Mühe, unser Saumagen, und setzt Freude am Kochen ebenso voraus wie einen gesunden Appetit. Vom Durst ganz zu schweigen. Aber er lohnt es der Hausfrau redlich in jeder Form: ob auf klassische Weise nur gekocht, ob im ganzen in Ruhe danach angeröstet oder ob scheibenweise in der Pfanne angebraten. Und: wer's einmal wagt – tut's immer wieder.

Bestellen Sie sich beim Metzger einen kleinen, frischen Saumagen. Dazu gehören 750 Gramm Schweine-Vorderschinken, 750 Gramm magerer Schweinebauch (beides ohne Schwarte) und 750 Gramm rohe Kartoffeln. Alles in 1 Zentimeter große Würfel schneiden (Kartoffelwürfel kurz aufkochen lassen und abgießen).

Mit 2 Pfund feiner Bratwurstfülle, 2 bis 3 eingeweichten und ausgedrückten Brötchen, 4 bis 6 Eiern gut vermischen und mit Salz, Pfeffer, Muskat und reichlich Majoran abschmecken. Nicht zu prall in den Magen füllen (sonst platzt er beim Kochen) und die 3 Magenöffnungen zubinden. In siedendem Salzwasser gut 3 Stunden ziehen lassen – nicht kochen. Abtropfen, servieren und am Tisch in Scheiben schneiden. Viele lieben ihn, wenn er nach dem Kochen in heißem Fett im Backofen knusprig nachgebacken wird. Zusammen mit frischem Bauernbrot, Weinkraut und fruchtigem, vollmundigem Wein ist er für Ihre Gäste mit Sicherheit eine Sensation.

Zutaten
750 g Schweine-Vorderschinken
750 g magerer Schweinebauch
750 g Kartoffeln
2 Pfd. Bratwurstfülle
2 bis 3 Brötchen
4 bis 6 Eier
Salz, Pfeffer, Muskat
Majoran
Salzwasser

Pfälzer Fläsch-Knepp

Zutaten
250 g Rindfleisch
250 g Schweinefleisch
250 g Kalbfleisch
2 Brötchen
2 Eier
Salz, Pfeffer, Muskat
Nelke, Thymian
Petersilie
Fleischbrühe

Diese kugelrunden Deftigkeiten gehören zum Pfälzer Festtag wie der Troll-Schoppen zum Stammtisch. Es soll Dörfer geben, wo alle 250 Seelen sich am Sonntag gut und gerne sechs bis acht Fleischklöße mit Meerrettich-Soße lustvoll einverleiben. Natürlich schmecken diese in jeder Familie anders, – und jeder Bub schwört Stein und Bein darauf, daß die Fläsch-Knepp seiner Mutter die besten der Welt sind. Na, klar!

Je 250 Gramm Fleisch von Rind, Schwein und Kalb sowie 2 eingeweichte, ausgedrückte Brötchen zweimal durch den Wolf drehen. 2 ganze Eier darunterschlagen, mit Salz, Pfeffer, Muskat, zerstoßener Nelke, Thymian und gehackter Petersilie würzen. (Manche ziehen dem Thymian den Majoran – oder gar der Nelke den Kümmel vor.) Die Masse wird gut geschlagen und dann eine Zeitlang stehen gelassen.

Dann mit dem Löffel eigroße Klöße abstechen (oder mit nassen Händen formen) und in siedender Fleischbrühe garen. Meerrettich – am allerbesten frisch geriebener – gehört dazu. Sie können die Klöße in der Fleischbrühe essen oder zu zartem Kartoffelbrei. Auch zeigen sich die Knepp gern in Gesellschaft jungen, frischen Weinkrauts! Es erscheint mir zu albern, darauf hinzuweisen, daß in der Pfalz noch etwas anderes dazu gehört. Und bitte nicht zu knapp ...

Pälzer Kesselfläsch

Ohne mich zu versündigen, darf ich feststellen, daß für die meisten Pälzer die Schlachtfeste wichtiger sind als Ostern und Weihnachten zusammen. Schon weil Schlachtfeste bei uns häufiger vorkommen. Höhepunkt dieser arbeitsreichen und nahrhaften Feier ist stets das Pälzer Kesselfläsch.

Wer es bis zum nächsten Schlachtfest nicht aushält, kann sich diese Küchenköstlichkeit auch daheim bereiten. In möglichst großem Topf werden in kaltem Wasser mit einem kräftigen Schuß Weißwein 2 gelbe Rüben, 1/4 Sellerieknolle, 1 Petersilienwurzel, 2 Stangen Lauch, 2 Zwiebeln, 4 Nelken, 3 Knoblauchzehen, 10 schwarze Pfefferkörner, 1 Eßlöffel Koriander, 2 Lorbeerblätter und etwas Muskat zum Kochen gebracht. Dann legt man deftige Stücke vom Nackenfleisch, vom Bauch, Bäckchen und »Schnütchen« dazu. Mindestens 3 Kilogramm sollten es sein. Alles das aber sollte von einer mit bäuerlicher Hausmannskost gemästeten Sau stammen! Sonst schmeckt's zwar auch gut, – aber doch nicht so!

Wenn das Fleisch gar ist, wird es heiß, zusammen mit gut geschmälztem Sauerkraut und geriebenem Meerrettich – hierzulande niemals Senf – serviert. Begleitet von braunem, knusprigem Brot und vielen, vielen Schoppen.

Zutaten

3 kg Nackenfleisch
Bauch, Bäckchen
Schnütchen
1 Schuß Weißwein
2 gelbe Rüben
1/4 Sellerieknolle
1 Petersilienwurzel
2 Stangen Lauch
2 Zwiebeln
4 Nelken
3 Knoblauchzehen
2 Lorbeerblätter
10 schwarze Pfefferkörner
1 EL Koriander
Muskat

Lewwerknepp mit Speckzwiebeln

Zutaten
1 Pfd. Schweineleber
500 g Mett
200 g Dörrfleisch
2 Brötchen
1 Zwiebel
3 Eier
Salz, Pfeffer, Muskat
Majoran

Es gibt Landstriche, in denen Leberknödel ein seltenes Festtagsgericht sind. Traditionell zum Beispiel am »Kerwe-Dienstag« im Rheinhessischen. Nicht so bei uns! Da wöchentlich geschlachtet wird, gibt es die duftenden runden Köstlichkeiten eigentlich zu jeder Zeit in jeder Gastwirtschaft. Und: wir verfälschen den Geschmack auch nicht. Bei uns schmecken Leberknödel nach Leber. Jawohl! Und außer Speck-Zwiebeln, »Kartoffelpüree und Kraut« dulden wir dazu nur den Wein. Und zwar reichlich!

1 gutes Pfund frische Schweineleber, 500 Gramm Mett mit 2 eingeweichten und ausgedrückten Brötchen durch die feine Scheibe des Fleischwolfes drehen. 200 Gramm durchwachsenen Speck mit 1 mittelgroßen Zwiebel würfeln, in reichlich Schmalz glasig dünsten und zum Teig geben. 3 ganze Eier unterschlagen. Mit Salz, Pfeffer, Muskat und Majoran kräftig würzen und das Ganze gut durchmischen. Einige Zeit kühl stellen.

Dann mit dem Löffel Knödel abstechen – oder mit nassen Händen Knödel formen – und in siedendem Wasser – (besser in Brühe) gut 15 Minuten ziehen lassen. Mit goldgelb gerösteten Speck- und Zwiebelwürfeln übergießen und mit zartem Kartoffelpüree servieren. 2 gut bemessene Schoppen eines reifen Weines kann man dazu sicherlich vertragen!

Dämmerung und Morgengrauen sind die Stunde für erfolgreiche Elwedritsche-Jagd. Schon mancher Fremde hat sein Glück versucht – und seine Freunde sind stets auf ihre Kosten gekommen

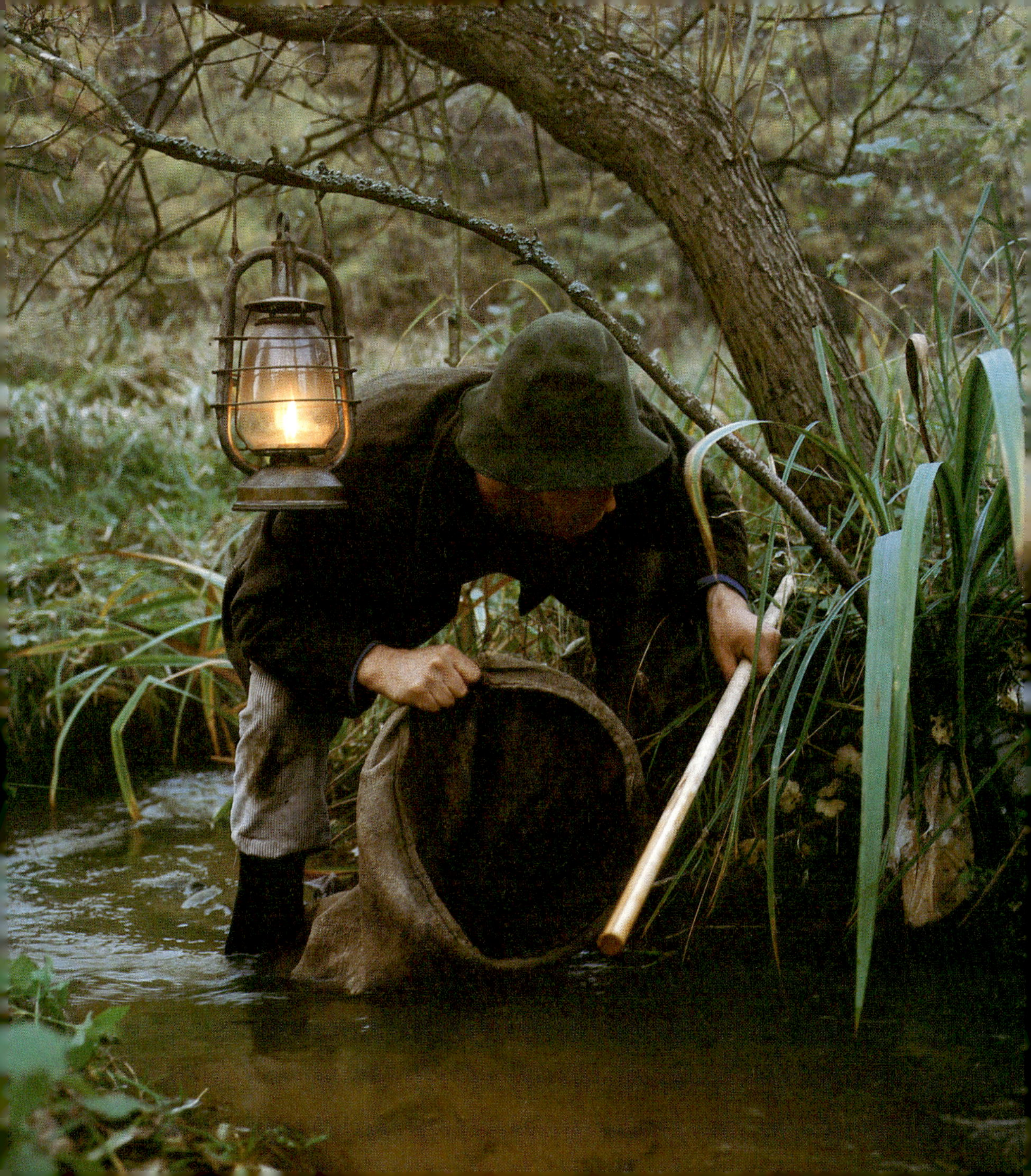

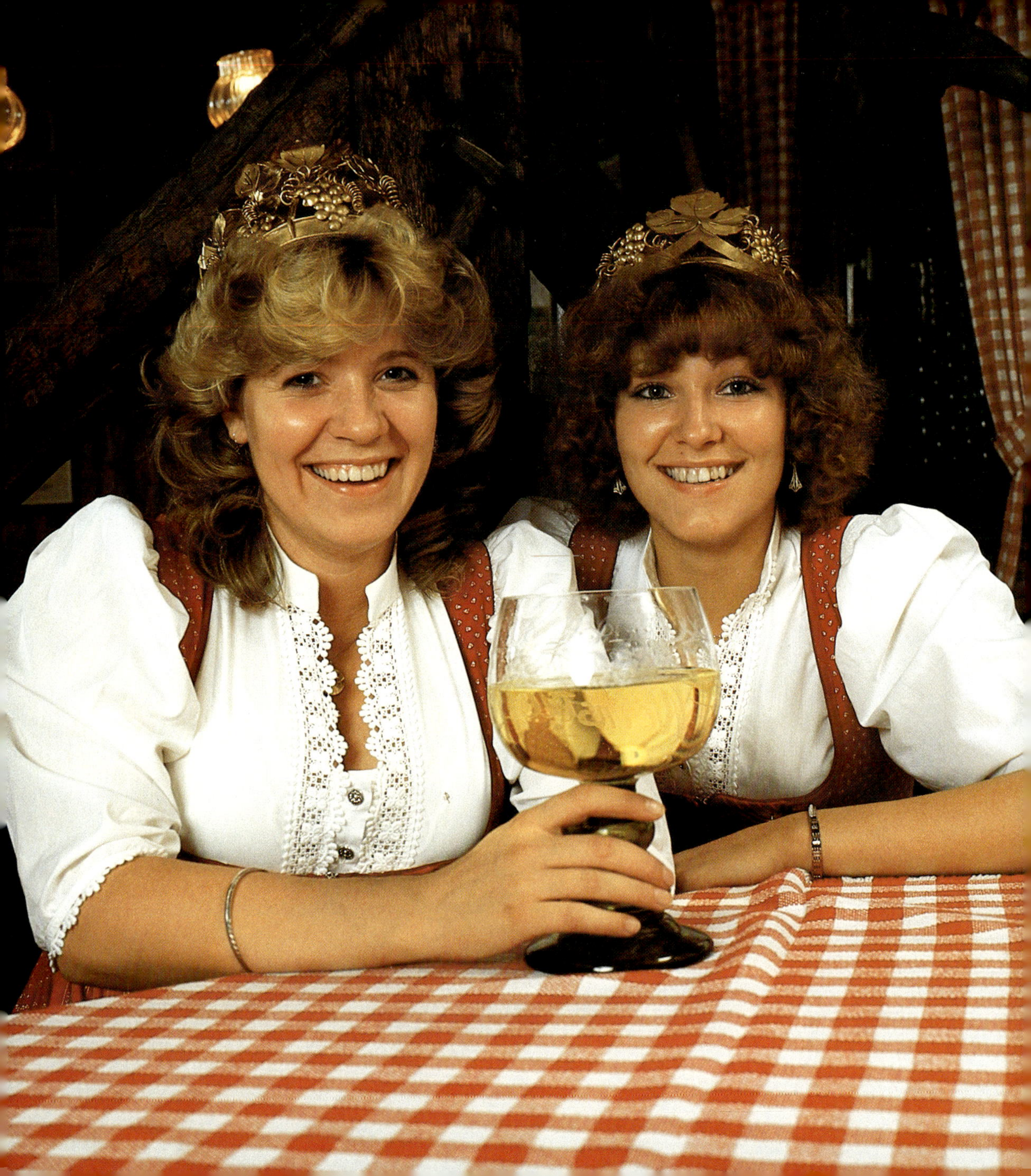

Schweinebraten vom Bauch

Gut, – trinken wir noch einen Schoppen. Aber auf Ihre Rechnung – und dafür sage ich Ihnen dann das Rezept für den besten und preiswertesten Schweinebraten der Neuzeit. Heutzutage hat auch Ihr Metzger nach dem Schlachten ein Stück Bauch parat, das so mager ist, daß die Mäuse im Schlachthof Tränen in den Augen haben. Davon nehmen Sie ein klotziges Stück von mindestens 4 Pfund. Und sehr gut durchwachsen mit fingerdicken Fleischstreifen sollte es sein. (Bitten Sie Ihren Metzger, die Schwarte in 2 Zentimeter Quadrate einzuschneiden.) Kräftig mit Salz, Pfeffer, 2 bis 3 zerquetschten Knoblauchzehen, je 1 Teelöffel Kümmelkörner und Thymian einreiben und etwa 5 Nelken in die Rillen der Schwarten piken. Je eine Handvoll grobgewürfelter Zwiebel, Möhre, Lauch, 1 Lorbeerblatt zugeben. Dann etwa 2 Zentimeter mit heißem Wasser oder Brühe aufgießen und in den auf 250 Grad vorgeheizten Backofen geben. Nach etwa 90 Minuten ist er knusprig braun und gar. Eventuell Wasser oder Fleischbrühe nachgießen, je nachdem wieviel Soße man wünscht. Dann schneiden Sie das Fleisch in mindestens fingerdicke Scheiben und essen am besten nur knuspriges Bauernbrot dazu. Oder auch lauwarmen Grumbeere-Salat.

Zutaten
4 Pfd. Bauchfleisch
Salz, Pfeffer
2 bis 3 Knoblauchzehen
je 1 TL Kümmelkörner u. Thymian
5 Nelken
je 1 Handvoll gewürfelter Zwiebeln Möhre, Lauch
1 Lorbeerblatt
evtl. Fleischbrühe

Hoheitsvoll doch keineswegs unnahbar sind die Wein-Königinnen und Prinzeßchen in der Pfalz. Und als Winzer-Töchter flößt ihnen der gewaltige Prunk-Pokal keinerlei Furcht ein

Pälzer Woi-Gockel

Zutaten
*1 Hahn
oder 1 Poularde
Pfeffer, Salz
Butter
2 Schalotten
Weinbrand
200 g Champignons
1/2 l Weißwein
1 Tasse süße Sahne
evtl. Mehl*

Vor über 200 Jahren hatte ein Pfälzer Bauernsohn eine Freundin aus dem Elsaß. Die aß zu Besuch in der Pfalz häufig den Pälzer Woi-Gockel – verließ später den jungen Mann und heiratete einen Elsässer Gastwirt. So entstand der inzwischen weltberühmte »Coq au Vin«, der jedoch in keiner Weise besser ist als sein Pfälzer Vorfahre. (Vorausgesetzt, man verwendet nicht den Großvater eines Elsässer Gockels.) Und noch ein Unterschied: Die Elsässer verwenden vornehmlich ihren trockenen Riesling, wir hingegen einen Wein, der nicht ganz so eigenwillig ist, nämlich Pfälzer Silvaner oder Müller-Thurgau.

1 Hahn oder 1 Poularde (bitte frisch und nicht gefroren!) in 6 Teile zerlegen, salzen, pfeffern und in heißer Butter gut 5 Minuten »steif« anbraten. 2 feingehackte Schalotten oder Frühlingszwiebeln dazugeben, anschmoren und mit 1 doppelten Weinbrand flambieren. 200 Gramm grobgehackte Champignons zufügen und mit 1/4 Liter Silvaner aufgießen. 30 Minuten dünsten. Geflügelteile herausnehmen und warm stellen, den Bratensatz mit einem weiteren 1/4 Liter Silvaner lösen, etwas einkochen, mit 1 Tasse süßem Rahm und eventuell etwas Mehl binden. Die Gockel-Teile in eine Schüssel geben und mit der Soße übergießen. Der Rest ist wohl eine Formsache!

Martinsgans mit Käschte

Zutaten
1 Gans
2 Pfd. Kastanien
2 bis 3 Äpfel
Beifuß

Gänsebraten! Früher lief beim bloßen Klang dieses Namens und bei dem Auftauchen des Bildes eines knusprigbraunen Berges wohlgeformten Fleisches einem das Wasser im Munde zusammen. Bis so gewissenlose menschenfeindliche Akademiker herausgefunden und mitgeteilt haben, daß kein Fleisch der Welt so fett- und kalorienträchtig ist, wie das der braven Gans.

Sei's drum! Wir Pfälzer fürchten uns nicht vor üppiger Kalorienfracht einer wohlgenährten heimischen Gans! Im Gegenteil: Wir füllen sie sogar noch mit Käschte! Das sind die Edelkastanien, die bekanntlich hierzulande wild wachsen. Und wir essen auch Grünkohl dazu. Oder Rotkohl. Und bei beiden Gemüsen darf mit Fett (am besten Gänseschmalz) nicht gespart werden, damit sie schön glatt werden! Für Furchtlose hier unser Rezept:

Braten Sie Ihre Gans so, wie man halt eine gut genährte Gans brät. Hier kommt's auf die Füllung an: 2 Pfund Käschte kreuzweise einschneiden, 30 Minuten kochen, kalt abschrecken und sofort schälen. Dann mit 2 bis 3 säuerlichen Äpfeln, die geschält und geviertelt wurden, in die Gans stopfen. Mancher schiebt noch gern ein Sträußlein Beifuß hinterher. Zunähen oder mit Zahnstochern zustecken. Dann hinein in den Backofen. Das alles dient nicht nur dem Geschmack des edlen Vogels – sondern ist ein köstliches Gemüse dazu! Wärmstens zu empfehlen ist dazu ein nicht zu kühler Spätburgunder.

Pfälzer Schweinepfeffer

Zutaten
Vorderschinken

Marinade
Weißwein und Wasser
1 Schuß Essig
1 Lorbeerblatt
Pfefferkörner
Petersilienstengel
2 Nelken
2 Zwiebeln
2 Knoblauchzehen
Thymian, Majoran
Fett
Fleischbrühe
evtl. Schweineblut

Zu allen Gerichten, die mit dem Wort »...pfeffer« enden, gehört nach klassischer Regel etwas vom Blut des lieben Tierchens. Das kann man sich zwar beim Metzger besorgen, – ist aber gewiß nicht jedermanns Sache. Und muß auch gar nicht unbedingt sein. Es dient nämlich in erster Linie zum sämigen Andikken der Soße. Aber noch etwas wird von einem richtigen »Pfeffer« verlangt: kräftig gewürzt und scharf muß er sein. Im übrigen also: Pfälzer Pfeffer schmecken gut – mit mit und mit ohne Blut! Und nun probieren Sie einmal:

Vorderschinken vom Schwein (200 Gramm pro Person) marinieren (Marinade: 1/2 Weißwein, 1/2 Wasser, 1 kräftiger Schuß Essig, 1 Lorbeerblatt, einige Pfefferkörner, Petersilienstengel, 2 Nelken, 2 Zwiebeln, 2 Knoblauchzehen, Thymian und Majoran). Dies kocht man zusammen 10 Minuten auf und begießt das grobgewürfelte Fleisch damit.

Möglichst 2 Tage stehen lassen. Dann gut abtropfen und das Fleisch in sehr heißem Fett schnell braun anbraten. Mit einem Teil der Marinade ablöschen, Gemüse dazugeben und langsam weich kochen. Mit Fleischbrühe und – sofern man hat – eine Tasse Schweineblut aufgießen. Vor dem Anrichten die Soße durch ein Sieb geben und eventuell etwas nachdicken. Hierzu ißt man kräftiges Bauernbrot oder Knödel und trinkt einige Schoppen vom reifen Wein der Pfalz.

Pälzer Schweins-Sülze

Bei einem Teller herzhafter Schweinesülze kommt es nicht darauf an, daß die Sülze glasklar ist. Im Gegenteil. Hierzulande schätzt man es, wenn die Sülze ihre Herkunft aus dem Suppentopf nicht verleugnet. Viel wichtiger ist, daß nicht am kernigen Bäckchen- und Nackenfleisch gespart wurde.

2 Schweinsfüße mit Knöcheln, 1 Kalbsfuß, 1 Schweineohr gut waschen, in Stücke schlagen und mit Suppengrün (1 Stange Lauch, 2 Zwiebeln, 1/4 Sellerie, 1 Lorbeerblatt, je 5 Piment- und Pfefferkörner, 2 Nelken und 2 Knoblauchzehen) mit 2 Liter Wasser und 1/4 Liter Kräuteressig kalt aufsetzen. Nach dem Aufkochen abschäumen und 2 bis 3 Pfund Schweinsnacken dazugeben und alles 90 Minuten leise kochen. Dann das Fleisch herausnehmen, entfetten, auslösen, in mundgerechte Stücke schneiden und in einer großen, flachen Schüssel oder auf mehrere Suppenteller verteilen. Den Sud mit Salz, Muskat, Pfeffer kräftig abschmecken. Dann durch ein Mulltuch gut abseihen und nach dem Abkühlen sorgfältig entfetten. Noch flüssig über die Fleischstücke gießen und erstarren lassen. Das schmeckt mit kernigem Bauernbrot oder mit einem Berg junger Röstkartoffeln köstlich.

Zutaten
2 Schweinsfüße
1 Kalbsfuß
1 Schweineohr
2 bis 3 Pfd. Schweinenacken
Suppengrün
1 Lorbeerblatt
je 5 Piment- und Pfefferkörner
2 Nelken
2 Knoblauchzehen
1/4 Liter Kräuteressig
Salz, Pfeffer, Muskat

Schüssel-Fläsch

Zutaten
750 g Kalbfleisch
750 g Schweinefleisch
500 g Räucherspeck
500 g Kalbsleber
1 Röhrchen Kapern
3 Zwiebeln
1/2 l Weißwein
Salz, Pfeffer, Thymian
Majoran, Petersilie

Alle zarten Gemüse, kräftigen Süppchen und duftigen Mehlspeisen in Ehren, – die süffigen Weine der Pfalz schmecken allemal noch am besten zu einer anständigen »Schüssel mit Fläsch«. Oder? Hier ein einmalig uriges, ganz typisches Pfälzer Gericht. Das macht zwar etwas mehr Arbeit als weißer Käs' mit Pellkartoffeln – gereicht aber der Hausfrau zu hohen Ehren: Schüssel-Fläsch.

Je 750 Gramm Kalbfleisch und Schweinefleisch, 500 Gramm Räucherspeck und 1 Pfund Kalbsleber fein würfeln. Mit 1 Röhrchen Kapern, 3 feingewiegten, angedünsteten Zwiebeln und 1 echten Schoppen (1/2 Liter) vom Weißwein gut vermischen. Mit Salz, frischem schwarzem Pfeffer, etwas Thymian, Majoran und Petersilie würzen. Im Römertopf etwa 90 Minuten im Backofen garen. Kalt servieren – am besten mit Krautsalat und knusprigem Bauernbrot. Offen gesagt: Der Schoppen, der schon drin ist, reicht nicht! Trinken Sie fröhlich und dankbar zwei weitere.

Pfälzer Bratwurstkranz

Wenn Sie einmal Gäste zur »Pfälzer Weinreise« daheim haben (und welches Weinland bietet mehr Abwechslung an Rebenvielfalt und Lagen als die Rheinpfalz?), dann gehört ein ebenso kräftiger wie pikanter Imbiß dazu. Dieser hier wird Ihre Gäste überraschen. Und wenn dieselben plötzlich kommen, können Sie statt des Hefeteigs auch einen fertigen Blätterteig verwenden.

Bereiten Sie einen Hefeteig aus 1 Pfund Mehl, 1 Ei, 1/8 Butter, Milch und Salz, – und rollen Sie ihn nach dem Gehen fein aus. Legen Sie 1 lange, frische Bratwurst (oder mehrere einzelne) darauf, bedecken Sie diese mit dünnen Scheiben von Räucherspeck und schlagen Sie den Teig darum. Überflüssigen Teig sauber abschneiden. Die Kanten und die Oberfläche mit frischem Eigelb bestreichen. Biegen Sie das Ganze zu einem Kranz und backen Sie es im vorgeheizten Ofen bei 200 Grad etwa 30 Minuten recht knusprig.

Weil die Bratwurst nach Pfälzer Art stets gut gewürzt sein sollte, schmeckt leichter, frischer Müller-Thurgau oder ein vollmundiger Silvaner am besten dazu.

Zutaten
1 Pfd. Mehl
1 Ei
1/8 Butter
Milch
Salz
Bratwurst
Räucherspeck

Von Königinnen und Prinzeßchen

Bei einem Mädchen in kunterbunter Phantasietracht, einen überdimensionalen Weinpokal in der Rechten, ein goldschimmerndes Krönchen auf den Locken und – mehr zitternd als zitierend – einen Vierzeiler auf den jungen Lippen, da handelt es sich stets um eine Weinkönigin. Oder eine Prinzessin.

Die Pfalz ist eine »Brutstätte« für solche Geschöpfe weinig-blauen Blutes. Das Weinbaugebiet Rheinpfalz hat eine Königin. Zu jeder Königin gehören mindestens zwei Prinzessinnen. Hinzu kommen die Prinzeßchen, Gräfinnen und Baronessen der Bereiche, der Winzergemeinden, der dominierenden Rebsorten und vielleicht noch der berühmtesten Großlage.

Eine Wahl erfolgt offiziell nach demokratischem Ritual. Eine Kommission ernsthafter Männer beurteilt Fachwissen und Auftreten. Die Fragen können die Winzerstöchterlein meist nicht in Verlegenheit bringen und entpuppen sich zudem oft als humorig-doppelsinnige Scherzfragen. Es soll gelacht werden. Einheimische können Wetten in beliebiger Höhe über den Ausgang der Wahl abschließen. Verlieren ist unmöglich. Denn inoffiziell gibt es da noch ein paar Kriterien, die mit keiner Schönheit und Schlagfertigkeit zu überspielen sind.

Und so kommt es, daß die Monarchinnen genauso unterschiedlich ausfallen wie in den Familien herrschender Häuser. Zwischen zartgliedrig, blitzgescheit und sexy haben wir Jahr für Jahr alles zu bieten.

Doch es gibt auch ein irrationales Phänomen und das ist für die Menschen dieses Landes sehr viel bedeutsamer als manche Kritik an dieser Institution. Sobald die Wahl getroffen und Königinnen und Prinzessinnen inthronisiert sind, vollzieht sich in den Herzen unserer Bürger eine seltsame Wandlung. Wer immer es sei, – die junge, heimische Hoheit wird sofort bedingungslos anerkannt, geliebt und notfalls massiv verteidigt. »God save the Queen«, das ist für jeden rechten Pfälzer ein selbstverständlicheres Glaubensbekenntnis als für die konservativsten Royalisten Britanniens. Ich hab schon manchen wettergegerbten, ausgereiften Winzer erröten sehen, wenn so eine liebliche Tochter des Bacchus auf einem Weinfest ihm huldvoll zulächelte. Ich mich auch. Besonders bei einer.

Denn dafür hat der Pfälzer einen sechsten Sinn: Sobald die Königin das Krönchen trägt, ist sie ein Symbol geworden. Ein Mythos hat das Winzermädchen zur Inkarnation des Weins, zur lieblichen Verkörperung des Lebenselixiers unserer Heimat gemacht. Und Wein, der hat doch nun wirklich schon Mystisches genug. Nur wer mit der 2000jährigen Wein-Tradition dieses Landes verbunden ist, – nur wer im Wein lebt, denkt und fühlt, der vermag dies zu verstehen.

In manchen Winzerhäusern der Pfalz finden Sie auf vergilbten, handkolorierten Fotos in verschrobenen Rähmchen das Bild einer Königin von dazumal. Das war des Winzers Mutter oder Großmutter gar. Und sie war damals ebenso der Stolz der Familie, des Winzerdorfs oder gar der Pfalz, und sie wurde ebenso geliebt, verehrt und notfalls handfest gegen Lästerer verteidigt wie ihre blutjungen, strahlenden Enkel wein-königlichen Geblüts.

> Wo der Wein fehlt, da stirbt der Reiz der Venus, da ist der Himmel der Menschlichkeit wüst und freudenlos.
>
> Euripides

Blutworscht mit Zwiwwele

Zutaten
1 kg Zwiebeln
Butter, Schmalz
1 kg Blutwurst
Mehl

Einer meiner Pfälzer Freunde antwortete mir einmal auf die Frage, ob er satt sei: »Satt – was ist das?« Ein anderer tröstete mich bei meiner Feststellung, daß ich schon wieder ein paar Kilo zugenommen habe mit den Worten: »En Mann ohne Bauch ist ein Krüppel!«

Dies schicke ich voraus, weil das folgende Gericht in ganz besonderem Maße Hunger und Durst voraussetzt. Besonders viel Freude daran werden jene haben, die gerne den frischen, spritzigen Riesling der Südlichen Weinstrasse trinken. Aber, – wer tut das eigentlich nicht?

1 Kilogramm Zwiebeln in Scheiben schneiden, in Butter und Schmalz goldgelb dünsten und herausnehmen. Das Fett zurücklassen. 1 Kilogramm feste Blutwurst enthäuten, in dicke Scheiben schneiden, in Mehl wenden und in Zwiebelfett beidseitig gut rösten. Dabei sehr vorsichtig wenden. Die Wurststücke werden auf den Zwiebeln auf vorgewärmten Tellern serviert und – wem sag' ich das – mit sehr gut gekühltem Riesling in beträchtlichen Mengen genossen.

Pälzer Herzpfeffer

Pälzischer geht's nicht. Und leckerer auch nicht. Aber Arbeit macht es. Drum erst 'mal einen Schoppen Wein her. Sonst verraten wir gar nix!

Sie brauchen vom Schwein 5 Herzen, 5 Zungen, 2 Pfund Backen- oder mageres Nackenfleisch, später 6 bis 8 Nieren. Alles wird gut gesäubert, die Zungen gebrüht und gehäutet und alles in 2 bis 3 Zentimeter Stücke gewürfelt. Herz, Zunge und Nacken mit Salz, Pfeffer, Muskat und Piment würzen (portionsweise!), in sehr heißer Pfanne in Pflanzenfett kurz und scharf anbraten, herausnehmen und beiseite stellen. 4 Pfund grobgewürfelte Zwiebeln möglichst in Schmalz fast weichdünsten und dann zum Fleisch geben. Mit 1/2 Liter trockenem Weißwein und 1,5 Liter guter Fleischbrühe aufgießen. Etwa 1 Stunde köcheln. Wenn das Herz weich ist, dann die Nieren pfeffern und leicht mehlen. Portionsweise in sehr heißer Pfanne ganz kurz anbraten und zum Fleisch geben. Mit Thymian, 2 zerquetschten Knoblauchzehen, Weinbrand, Salz und Zucker abschmecken. Geben Sie den Inhalt von 3 frischen Blutwürsten (Griebewurst) dazu und verrühren es kräftig. Das färbt und bindet. Die Soße muß sämig sein. Klöße aus gekochten Kartoffeln passen am besten dazu. Und ein paar Schoppen. Denn »Pfeffer« schafft Dorscht.

Zutaten
5 Herzen
5 Zungen
6 bis 8 Nieren
2 Pfd. Backen- oder Nackenfleisch
4 Pfd. Zwiebeln
1/2 l Weißwein
1 1/2 l Fleischbrühe
Salz, Pfeffer, Muskat
Piment, Thymian
2 Knoblauchzehen
Zucker
Weinbrand
3 Blutwürste

Pälzer Hackfläsch-Pann'

Zutaten
750 g Hackfleisch
2 EL Pflanzenöl
2 Zwiebeln
125 g Champignons
2 Tomaten
evtl. Knoblauchzehen
1 EL Rosenpaprika
Pfeffer, Salz
1 EL feingehackte Kräuter

Pfälzer Strohwitwer haben ein handfestes Lieblingsgericht. Es ist kräftig, deftig, einfach zu bereiten und beschert dem, der sich eine volle Pfanne davon einverleibt, einen unvergleichlich schönen Durst!

750 Gramm Hackfleisch in 2 Eßlöffel Pflanzenöl in sehr heißer Pfanne unter Umrühren anbraten. In einer zweiten Pfanne 2 große, feingewürfelte Zwiebeln in Butter glasig dünsten. 125 Gramm geputzte und geviertelte Champignons, 2 gehäutete, entkernte und zerkleinerte Tomaten, 0 bis 3 gehackte Knoblauchzehen (je nachdem, was man als Strohwitwer so vorhat) dazugeben. 10 Minuten bei starker Hitze garen und den Saft einkochen lassen. Mit dem Hackfleisch vermengen, 1 Eßlöffel Rosenpaprika unterrühren, mit frischem Pfeffer aus der Mühle und Salz würzen. Zum Schluß mit 1 Eßlöffel feingehackter frischer Kräuter überstreuen. Zwischendurch und nachher möglichst beim gleichen Wein bleiben, den man als Strohwitwer ohnehin vorher schon getrunken hat.

Lauch-Koteletts

Dieses Gericht müssen fremde Söldner eingeschleppt haben, die im Lauf der Jahrhunderte sich auf Pfälzer Boden geschlagen haben. Sie haben, bevor sie verschwunden sind, manche Sitten, Bräuche und Rezepte hiergelassen. Denn ungarischer Paprika zu Fleischeintopf, das ist hier nicht geboren worden. Aber lecker schmecken sie. Durst machen sie – unsere Lauch-Koteletts.

2 Pfund rohe Kartoffeln, 5 Stauden vom frischen Lauch und gut 2 Pfund Schweinekamm in Scheiben schneiden. Im Topf mit Salz, frischem Pfeffer, 2 Eßlöffel Rosenpaprika und Majoran würzen und dann je 1/2 Schoppen (1/4 Liter) süßen Rahm und Weißwein (würzig wie Morio-Muskat von der Südlichen Weinstrasse) dazugeben. Vorsichtig durchmengen und zugedeckt ganz langsam garen lassen.

Rosenpaprika ist nicht zu scharf. Dennoch ein guter Grund, über Durst zu klagen (joi, Mama!). Braver, gut gekühlter Müller-Thurgau stimmt dann versöhnlich.

Zutaten
2 Pfd. Kartoffeln
5 Stangen Lauch
2 Pfd. Schweinekamm
Salz, Pfeffer
2 EL Rosenpaprika
Majoran
1/4 l süße Sahne
1/4 l Weißwein

Worscht mit Grumbeere gebrätelt

Zutaten
1 kg Pellkartoffeln
1 Pfd. Zwiebeln
1 Pfd. Fleischwurst
Schmalz
Zwiebeln
Salz, Pfeffer
Petersilie
4 Eier
1/4 l Rahm

Mir fällt auf: ich erzähle immer wieder davon, daß dieses Land mit fruchtbaren Böden, mildem Klima und reicher Sonne gesegnet ist, daß man meinen könnte, die üppigen Früchte der Felder und saft- und kraftvollen Reben würden uns wie im Paradies geschenkt werden. Gewiß, – die Pfalz ist ein Paradies. Aber: Auch hier muß der Winzer »siebenmal um jeden Rebstock« gehen, bevor er den Tropfen im Faß hat und auch hier geht der Bauer hinter dem Pflug, um dem Boden reiche Ernte abzuringen.

Und weil es ohne harte Arbeit auf den Feldern und an den Hängen nicht geht, wird in der mittäglichen Pause gerne Deftiges und Kräftiges gegessen. Zum Beispiel: Worscht mit Grumbeere gebrätelt.

1 Kilogramm Gequellte (Pellkartoffeln) vom Vortag, 1 Pfund Zwiebeln und 1 Pfund gehäutete Fleischwurst in Scheiben in reichlich Schmalz kräftig anbraten. Erst die Kartoffeln und die Zwiebeln, – zum Schluß die Wurstscheiben. Mit Salz, Pfeffer, Petersilie würzen. 4 Eier in 1/4 Liter Rahm verquirlen, darübergießen und stocken lassen. Hierzu schmeckt frisches Bauernbrot und kühler, vollmundiger Wein am allerbesten. (Und zwar aus bauchigem Krug und tönernem Becher!)

Pälzer Kümmelfläsch

Ehrlich, – wir Pfälzer halten es lieber mit Schweinernem. Aber ein Rinderschmorfleisch verachten wir auch nicht. Besonders, wenn es von feinen Fettadern durchzogen ist, die für Saft und Geschmack sorgen. Hier ein ebenso kräftiges, leckeres und einfach zu bereitendes Gericht. Und zwar mit Kümmel, den wir früher am Feldrain sammelten und der doch so segensreiche Wirkung tut, geschmacklich wie auch sonst.

Je 1 mittelgroße Zwiebel und 1 Sellerieknolle schälen und in feine Würfel schneiden. 4 schöne Scheiben Rinderschmorfleisch (etwa 2 Zentimeter) salzen, pfeffern und in heißem Fett von Butter und Öl langsam braun braten. Wenn man will, und das ist ganz besonders gut, mit 2 Gläsern (5 cl) Kümmelschnaps oder Aquavit ablöschen. Je 1 Eßlöffel feingehackten Estragon und Majoran (oder je 1 Teelöffel getrocknet) sowie 1 Eßlöffel Kümmelkörner darüberstreuen. Dann das Gemüse dazugeben, leicht salzen und pfeffern, 1/4 Liter kräftige Fleischbrühe zugießen und zugedeckt bei milder Hitze 25 bis 30 Minuten schmoren. Nach und nach noch 1/4 Liter Brühe und gelegentlich 1 Schuß Wein zugießen. Wenn Fleisch und Sellerie gar sind, Fleisch herausnehmen, 1/8 Liter saure Sahne mit etwas Fleischbrühe verrühren und unter die Sellerie ziehen. Fleisch auf vorgewärmten Tellern servieren und mit dem Gemüse umlegen. Brot, knusprig-braunes Bauernbrot gehört dazu. Und ein ehrlicher Schoppen (1/2 Liter) vom Pfälzer Silvaner. Und möglichst einen danach. Sie werden's brauchen können.

Zutaten

1 Zwiebel
1 Sellerieknolle
4 Scheiben Rinderschmorfleisch
Butter, Öl
5 cl Kümmelschnaps
je 1 EL Estragon und Majoran
1 EL Kümmelkörner
Pfeffer, Salz
1/2 l Fleischbrühe
Weißwein
1/8 l saure Sahne

Des Pfälzers Kerwe-Küchenzettel

Z'erst e grüne Kerne-Supp,
Markklös' drin en ganzer Trupp,
Dann kummt's Rindfleesch an die Reih',
Senft etzetra is derbei;
Mit der Gawwel in de Schnawwel!
Drunne sitzt's wie der Blitz –
Awer jetzt kummt's schwere G'schütz:

Blutworscht, Bratworscht, Leberworscht,
Herrgott, kriegt mer do en Dorscht!
Sauerkraut un Schweineknöchel,
Gäns un Ent' un annre Vöchel:
Mit der Gawwel in de Schnawwel –
So, des wär' d'Haupt-Affär',
Jetzt nor noch e klee Dessähr!

Lummel-, Kalbs- un Schweinebrate
Un zwee Sorte vun Salate,
Hammelrippcher, grüne Bohne,
Her nor gleich mit zwee Portione!
Mit der Gawwel in de Schnawwel,
Krumbeerebrei, Schunke, Ei,
Schwartemage aach derbei.

Pannekuche, Appelbrei,
Un Kunfekt so allerlei,
Quetsche-, Käs- und Zimmetkuche,
Üw'rall muß mer doch versuche;
Mit'm Messer geht's do besser,
Trauwe, Nüßle – Käs e bißle,
Owedruf Kaffee zwee Schüßle.

Awwer's Best' vum Esse doch
Bleibt halt's Trinke allweil noch:
'Rei gegosse wird's, beim Blitz,
Grad wie in e Feuerspritz,
Braucht kee Gawwel, nor de Schnawwel,
Bier un Wei, alles 'rei,
Viel un gut nor muß es sei!

Aus: »Unner uns Pälzer« von Wilhelm Palatinus.

Pälzer Kaninchen-Ragout

Zutaten
1 Kaninchen

Fond
Lorbeer
Pfefferkörner
Thymian
2 Zwiebeln, 1 Nelke
1 Möhre, Sellerie
Petersilie
1/2 l Weißwein
1/2 l Wasser

100 g Speck
1/2 Pfd. Zwiebeln
2 Knoblauchzehen
1/4 l Rotwein
4 Pimentkörner
4 Pfefferkörner
Rosmarin, Thymian
5 Wacholderbeeren
Zitronenschale
2 TL Mondamin
1 Glas Rotwein

An den Feldern und Weinbergen der Südlichen Weinstrasse wachsen nahrhafte Kräuter, die sich viele unserer Landsleute als Futter für gut gemästete Stallhasen pflücken. Probieren Sie Pälzer Kaninchen-Ragout.

1 junges, abgehangenes Kaninchen von etwa 2 Kilogramm häuten, in Portionsstücke schneiden. Alle übrigen Abfälle (Parüren) wie Kopf, Bauchlappen, Läufe, Knochen usw. mit etwas Wurzelwerk, Lorbeer, Pfefferkörnern, Thymian, 2 Zwiebeln, 1 Nelke, 1 Möhre, etwas Sellerie und Petersilie scharf anbraten, mit 1 Schoppen Weißwein und 1/2 Liter Wasser aufgießen und 1 Stunde sprudelnd kochen lassen.

Dann abseihen und den Sud auf gut 1/4 Liter einkochen. Die Fleisch-Stücke in 100 Gramm gewürfeltem Speck kräftig allseitig anbraten, 1/2 Pfund gewürfelte Zwiebeln und 2 zerdrückte Knoblauchzehen zugeben. Nach und nach mit dem Kaninchenfond und 1/4 Liter Spätburgunder Rotwein der Südlichen Weinstrasse ablöschen. Je 4 Körner Piment und Pfeffer, etwas Rosmarin und Thymian, 5 Wacholderbeeren und 5 Zentimeter Zitronenschale dazugeben. 30 Minuten schmoren lassen. In den letzten 15 Minuten 50 bis 100 Gramm kleine Champignonköpfe dazugeben. Dann 2 Teelöffel Mondamin in einem Glas Rotwein lösen, zu der Soße geben, kurz aufkochen und servieren.

Dazu können wir uns, ohne zu erröten, schwäbisch-bayerische Spätzle erlauben. Allerdings ohne Trollinger, – gelle!

Pälzer Woi-Fläsch

Dieses köstliche, weinige Fleischgericht wurde früher in irdenen Töpfen gegart, – darum paßt es heutzutage so gut in den Römertopf. Erst braucht man Beize aus 1 Schoppen (1/2 Liter) Riesling, je 2 Zwiebeln in Scheiben, Knoblauchzehen, Nelken, einige Pfefferkörner, 1/2 Lorbeerblatt und 1 kräftigen Schuß Weinbrand. Kurz aufkochen und abkühlen.

1 Kilogramm mageren Schweinenacken grob würfeln, salzen, pfeffern und 24 Stunden zugedeckt in die Beize geben. Ab und zu wenden. 1 Kilogramm Kartoffeln in Scheiben schneiden, 2/3 davon in den Römertopf geben, salzen und pfeffern. Das Fleisch und 1 Kräutersträußlein (Thymian, Liebstöckel, Petersilienstengel) zugeben. Weinbeize zugießen und die restlichen Kartoffeln darauf verteilen. Viele Butterflöckchen daraufsetzen und gut 2 1/2 Stunden bei 220 Grad im Römertopf backen. Bleiben Sie beim Riesling der Südlichen Weinstrasse, der auch die schweinernen Happen so sehr veredelt hat.

Zutaten
Beize
1/2 l Weißwein
2 Zwiebeln
2 Knoblauchzehen
2 Nelken
Pfefferkörner
1/2 Lorbeerblatt
Weinbrand

1 kg Schweinenacken
Pfeffer, Salz
1 kg Kartoffeln
Thymian, Liebstöckel
Petersilienstengel

Pälzer Fläsch-Pannekiechle

Zutaten

Pfannkuchen-Teig

6 Eier
1/2 TL Salz
1/2 Pfd. Mehl
50 g Butter
1/2 l Milch

Füllung

Schmalz
1 Zwiebel
500 g Mett
4 EL Rahm
2 Eier

Zugegeben: Wir Pfälzer sind sehr erfinderisch, wenn es darum geht, Anlässe zu schaffen für die Bereitung recht massiver Küchen-Köstlichkeiten und um einen Grund, ein paar Schoppen ebenso köstlicher Weine der Südlichen Weinstrasse zu trinken. Wir werden nicht einmal rot dabei, wenn wir im Frühjahr das erste zarte Grün der Rapunzel (Feldsalat) als Vorwand mißbrauchen, etwas zu kochen, von dem wir behaupten, daß es sich um die einzig mögliche kulinarische Begleitung dieses frischen Frühlings-Salats handelt: Pälzer Fläsch-Pannekiechle.

6 Eier und 1/2 Teelöffel Salz gut mit 1/2 Pfund Mehl verrühren. 50 Gramm Butter in 1/2 Liter Milch auflösen und mit dem Teig verrühren. 1 Stunde kühl quellen lassen. In heißer Pfanne mit wenig Öl oder Butter dünne Pfannkuchen goldgelb backen und auskühlen lassen. Dann in wenig Schmalz 1 feingewürfelte Zwiebel weich dünsten und 500 Gramm mit Salz und Pfeffer gewürzte Schweine-Mett zugeben und gut anbraten. 4 Eßlöffel Rahm mit 1 Ei verquirlen, unterrühren und zugedeckt 10 Minuten dünsten. Die Pfannkuchen dünn damit bestreichen und aufrollen. 4-zentimeterlange Stücke schneiden, in verquirltem Ei wenden und panieren. In heißem Schmalz in der Pfanne goldbraun anschmälzen und mit frischem Wein und jungem Salat genießen.

Reh-Filets

Daß der Pfälzer Wald so reich an Wild ist, wie seine sanfte Hügel reich an goldenen Weinen sind, das weiß man doch, seitdem der »Jäger aus Kurpfalz« besungen wurde. Aber ernsthaft: So teuer es auch leider geworden ist, – so ab und zu sollte man sich Gebratenes vom Reh (des Deutschen liebstes Wild) gönnen. Hier mein Geheimrezept: Reh-Filets.

Von Rücken oder Keule 3 Zentimeter dicke Scheiben, quer zur Faser, schneiden. Mit 1 Hauch Knoblauch, frischem Pfeffer, reichlich zerquetschten Wacholderbeeren, Wild-Gewürz (fertig zu kaufen) grob gewürfelten Karotten und Lauch vermengen und mit Pflanzenöl gut befeuchten. Über Nacht beizen lassen und dann das »Gemüse« entfernen. Die Filets gut abtrocknen und in heißer Butter auf jeder Seite nur 1 Minute anschwitzen. Dann in sehr heißem Pflanzenfett (kein Öl) schnell braun braten, – jedoch höchstens 3 Minuten auf jeder Seite. Innen muß das Fleisch auf jeden Fall rosig bleiben. 10 bis 12 Minuten in dem auf 150 Grad vorgeheizten Backofen garen lassen. Damit der Saft stockt. Rosenkohl mit Speckgrieben vermengt schmeckt gut dazu. Und Schneebällchen oder fremdländische Spätzle. Das Bratenfett mit der Butter und 1 Teil der Beize vermählt reicht aus, den Wildgeschmack nicht zu verfälschen.

Zutaten

*Rehrücken
oder Rehkeule
Knoblauch, Pfeffer
Wacholderbeeren
Wildgewürz
Karotten, Lauch
Pflanzenöl
Butter
Pflanzenfett*

Hasenrücken in Rahmsoße

Zutaten
2 Hasenrücken
5 EL Butterschmalz
3 Schalotten
2 EL Weinessig
1/2 l sauren Rahm
1/2 Lorbeerblatt
10 Wacholderbeeren
2 Nelken
1 Thymianzweig
Salz, Pfeffer
2 EL Johannisbeergelee
evtl. Wildgewürz

Ob es nun am Pfälzer Rosenkohl oder den vielen anderen saftigen Gemüsen der Pfalz liegt, daß die Hasen hierzulande tatsächlich kräftiger sind und zarter schmecken, das wissen wir nicht. Jedenfalls schätzen wir diese Tierchen.

2 saubere, ungespickte Hasenrücken in 1 vorgewärmte längliche Kasserolle legen, mit 5 Eßlöffel sehr heißem Butterschmalz übergießen, mit 3 feingehackten Schalotten oder Frühlingszwiebeln bestreuen, 2 Eßlöffel Weinessig und 1/2 Liter sauren Rahm (Crème fraîche) dazugießen. 1/2 Lorbeerblatt, 10 gequetschte Wacholderbeeren, 2 Nelken und 1 Thymianzweig (1/2 Teelöffel gemahlen) dazugeben. Im Backofen bei 220 Grad etwa 15 Minuten zugedeckt vorgaren. Kasserolle herausnehmen, Hasenrücken salzen und pfeffern und gut mit der Soße begießen. Dann – diesmal ohne Deckel – weitere 10 Minuten braten. (Er ist jetzt innen zart rosa. Dann herausnehmen, in Folie packen und warmstellen, damit der Saft gerinnt. Soße abseihen und auf dem Herd sämig einkochen. Mit 2 Eßlöffel Johannisbeergelee (oder Cumberlandsauce), eventuell mit Wildgewürz (aus der Dose) abschmecken. Falls Sie am Waldrand wohnen, dünsten Sie 'mal einen kleinen Fichtenzweig mit. Und der Portugieser, der so fruchtig-feurig im Glas schimmert, der gibt seinen Segen dazu.

Hasen-Pfeffer

Wenn die Weinlese vorüber ist und der junge Wein brodelt und stürmt – dann geht die Hasenjagd auf! Und auf dem reich gedeckten Tisch der Rüben-, Weißkohl- und Kohlrabifelder gibt es hierzulande viele wohlgenährte Hasen. Was wir besonders schätzen, ist der Hasen-Pfeffer.

Als Festtags-Gericht nimmt man auch die edlen Teile wie Rücken und Keulen dazu. Alles entbeinte Fleisch in einer Beize aus 1/2 Milch, 1/2 Rotwein, klein geschnittenen Zwiebeln, Karotten, Lauch, 2 Knoblauchzehen, 5 Pfefferkörnern, 1 Lorbeerblatt, 10 Wacholderbeeren, 2 zerstampften Nelken und Salz mindestens 2 Tage ziehen lassen. Dann gut abtrocknen und den Sud aufheben. Die Fleischstücke salzen, pfeffern und eventuell portionsweise im Topf bei großer Hitze in Pflanzenfett anbraten. Mit je 1/3 Beize, Rotwein und Fleischbrühe zur Hälfte aufgießen und zugedeckt garen lassen. Fleisch herausnehmen, die Soße etwas eindicken lassen und eventuell mit Stärke leicht binden. (Früher nahm man Hasenblut dazu, – aber das haben ja nur die Jäger.) Die Fleischstücke in die Soße geben, aufwärmen und mit Hoorige Knepp (Kartoffelklößen) oder »Schneebällchen« servieren. Was Sie gegen den Durst tun – schließlich heißt das Gericht Hasen-Pfeffer! – müssen Sie inzwischen selber wissen ...

Zutaten
1 Wildhase

Beize
Milch
Rotwein
Zwiebeln, Karotten
Lauch
2 Knoblauchzehen
5 Pfefferkörner
1 Lorbeerblatt
10 Wacholderbeeren
2 Nelken
Salz

Salz, Pfeffer
Beize, Rotwein
Fleischbrühe
evtl. Stärke

Pfälzer Wildgulasch

Zutaten

750 g Wildfleisch
Butter
2 Möhren
2 Zwiebeln
2 St. Sellerie
200 g Waldpilze
1/4 l Fleischbrühe
1/4 l Rotwein
Salz, Pfeffer
Wildgewürz, Zucker
Muskat
8 bis 10 Wacholderbeeren
je 1/2 TL Rosmarin und Thymian
1/4 Pfd. Sauerkirschen
1 Schuß Weinbrand

Unter der üppigen Fracht der Früchte von Feld und Wald und Stall biegt sich der Tisch. Der Herrgott hat die Pfalz zum Schlemmerparadies erkoren und die Pfälzer erweisen sich dankbar. »Der Mensch hot en Maage un nit for umsunscht«

Es ist üble Nachrede, zu behaupten, daß man in unserem Pfälzerwald versehentlich eher auf ein Wildschwein tritt als auf einen vollfleischigen Steinpilz. Es gibt bei uns genug Pilze! Beides in einem Topf vereint finden Sie im Pfälzer Wildgulasch.

750 Gramm fett- und sehnenfreies Wildfleisch (kann auch Hirsch oder Reh sein) in 2 bis 3 Zentimeter große Würfel schneiden, gepfeffert und gesalzen in Butter scharf und kurz anbraten, herausnehmen und warm stellen. Je 2 grobgewürfelte Möhren, 2 Zwiebeln, 1 Stück Sellerie und 200 Gramm würfelig geschnittener Waldpilze (eventuell getrocknet und in Portugieser-Rotwein eingeweicht) in der gleichen Pfanne anschmoren und zusammen mit dem Fleisch in einen Topf geben. 1/4 Liter kräftiger Fleischbrühe (besser Wildbrühe) und 1/4 Liter Rotwein sehr heiß werden lassen und zum Fleisch geben. Mit Salz, Pfeffer, Wildgewürz, 8 bis 10 Wacholderbeeren, je 1/2 Teelöffel Rosmarin und Thymian und, falls man hat, 1 Tannenzweig-Spitze würzen. Zugedeckt 30 Minuten bei milder Hitze garen. Die Flüssigkeit muß bis zur Hälfte eindampfen.

Wenn eine Probe ergibt, daß das Fleisch gar ist, mengt man 1/4 Pfund gut abgetropfter eingemachter Sauerkirschen darunter und würzt mit 1 kräftigen Schuß guten deutschen Weinbrands. Mit Salz, Zucker, Pfeffer und Muskat abschmecken. Dazu serviert man hierzulande Hoorige Knepp (rohe Kartoffelklöße) und selbstverständlich bleibt man auch beim gleichen Wein: dem Portugieser.

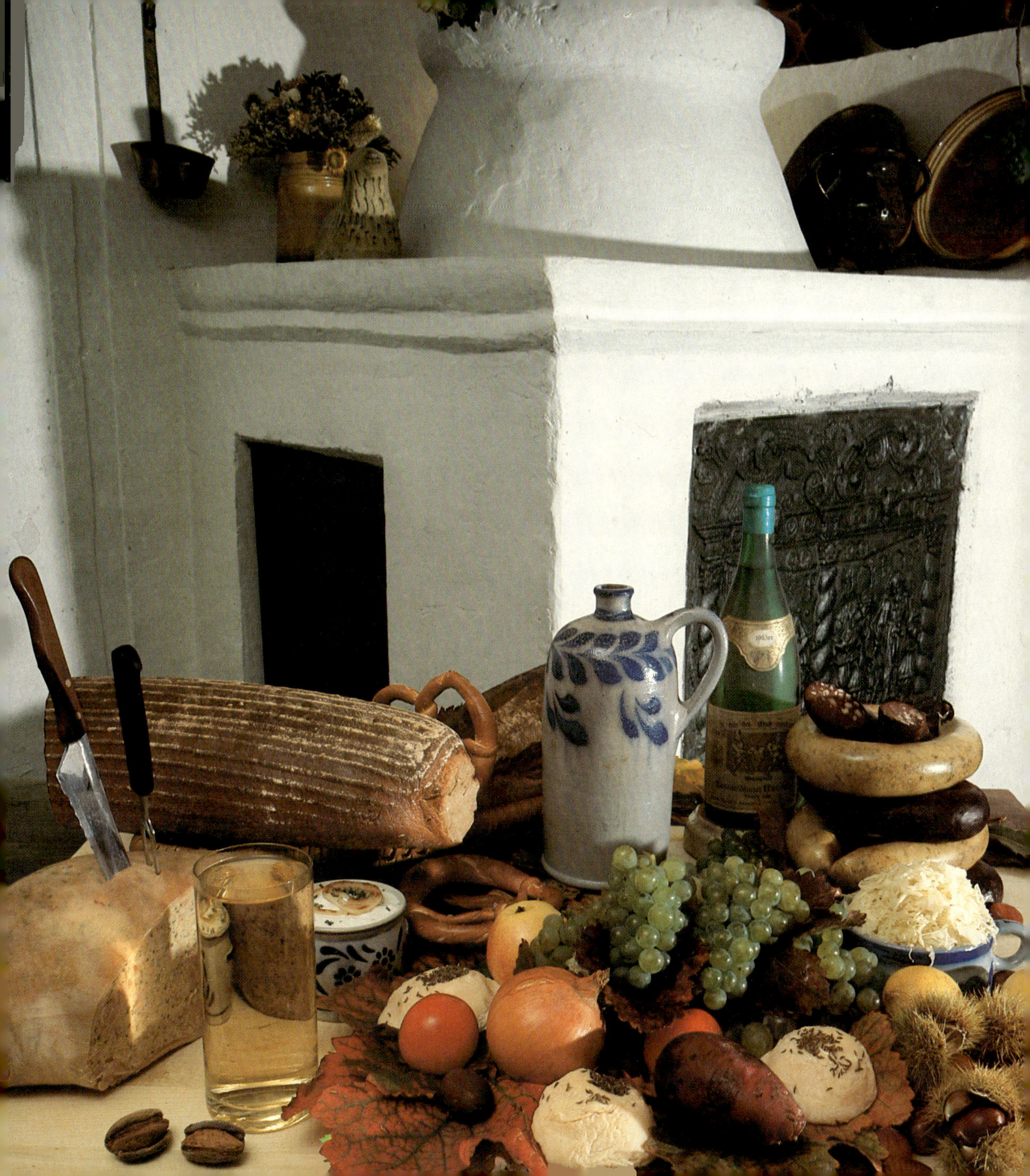

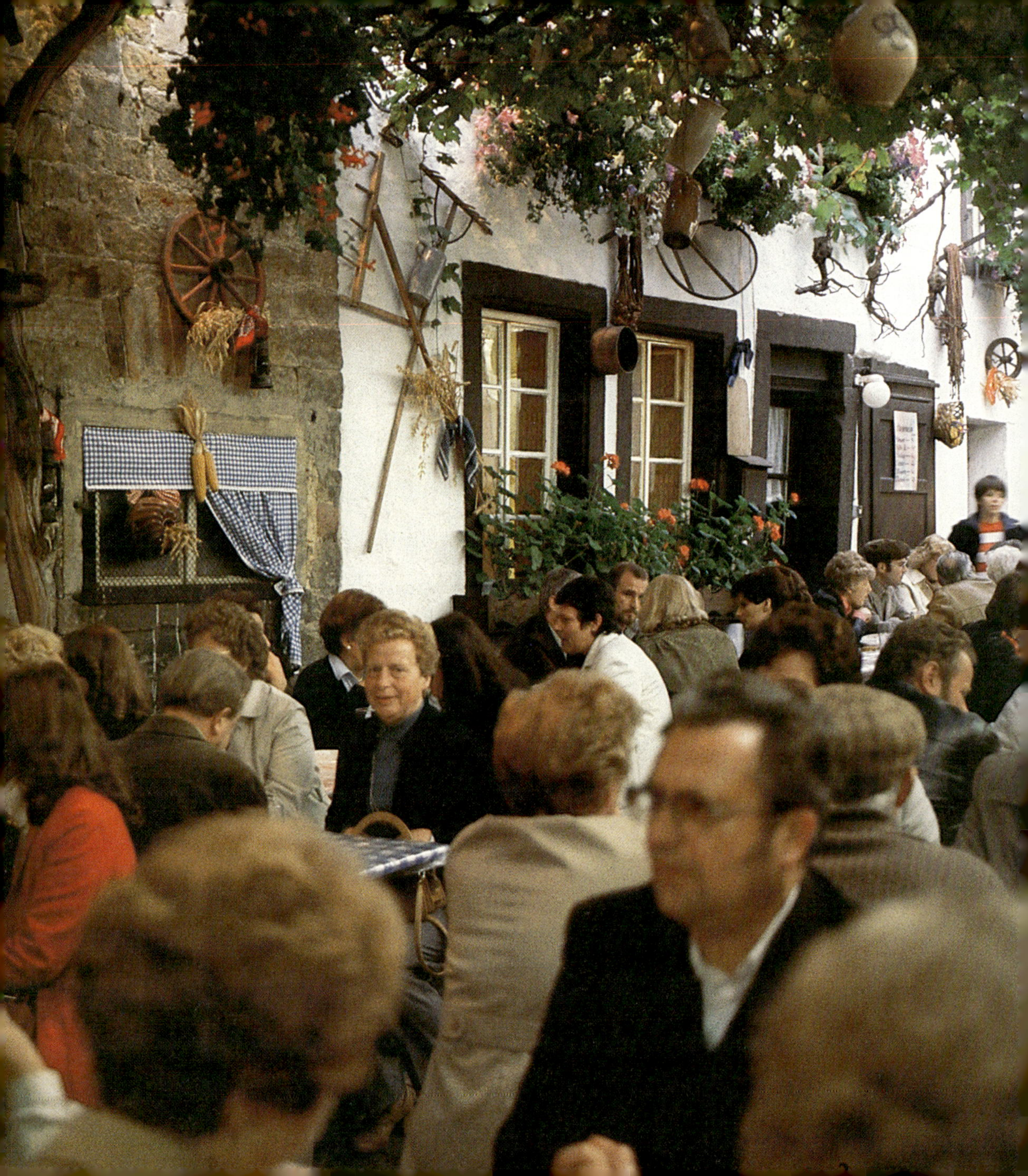

Hasen-Ragout

Auf den fruchtbaren Pfälzer Böden, wo Wein, Korn und Gemüse so prächtig gedeihen, da sind auch die Kräuter am Wegesrand noch kerngesund, saftig und lecker. Mindestens für die hierzulande sehr beliebten Stallhasen.

1 sauber gehäuteten Wildhasen teilt man in Portionsstücke und brät diese in 100 Gramm feingewürfeltem Räucherspeck und 3 Eßlöffel Butterschmalz kurz und kräftig an. Sie sollen rundum leicht gebräunt sein. 250 Gramm gewürfelte Zwiebeln, 2 ganze Knoblauchzehen, je 100 Gramm gewürfelte Möhren, Sellerie und das Weiße vom Lauch dazugeben und in heißem Fett andünsten. Nach und nach je 1/4 Liter guter Fleischbrühe und Wein dazugießen. Dazu kommen zwei Pimentkörner, 10 Rosmarinnadeln, 1 Zweiglein Thymian (oder 1/2 Teelöffel vom getrockneten), 10 Wacholderbeeren und 5 Zentimeter gewaschener Zitronenschale. 20 Minuten dünsten lassen, das Fleisch herausnehmen und warm stellen. Die Soße durch ein Sieb geben, wobei man das Gemüse mit 1 Löffelrücken gut ausdrückt. Mit 1 Eßlöffel aufgelöster Speisestärke vermengen, mit Pfeffer, Muskat, Salz, Zucker und 1 Schuß Cognac abschmecken. Aufkochen lassen, die Fleischstücke hineinlegen und servieren.

Tip: Dünsten Sie einen kleinen Zweig von Fichte oder Tanne mit.

Zutaten
1 Hase
100 g Räucherspeck
3 EL Butterschmalz
250 g Zwiebeln
2 Knoblauchzehen
100 g Möhren
100 g Sellerie
100 g Lauch
1/4 l Fleischbrühe
1/4 l Wein
2 Pimentkörner
10 Rosmarinnadeln
1 Zweiglein Thymian
10 Wacholderbeeren
Zitronenschale
1 EL Speisestärke
Pfeffer, Salz
Muskat, Zucker
1 Schuß Cognac

Die große Zeit der Weinfeste ist gekommen. Die Keller sind geöffnet, und die Höfe geschmückt. Kesselfläsch, Lewwerknepp und Bratwurst dampfen – und der Wein gibt dem fröhlichen Völkchen seinen Segen dazu

Wann mer kä Fläsch hen, nemme mer Fisch

Karpfen nach Oma Veronika

Zutaten
Karpfen
3/4 l Fleischbrühe
3/4 l Rotwein
2 Zwiebeln, 2 Möhren
1 Stange Lauch
1/4 Sellerie
2 Nelken
1 Lorbeerblatt
3 Pfefferkörner
Petersilienstengel
Salz, Muskat
2 bis 3 Scheiben
Honig-
oder Lebkuchen

Immer noch Fastenzeit? Nun gut! Besinnen wir uns auf einen der köstlichsten und nahrhaftesten Fische, der auch in unseren heimischen Gewässern seit alters her gehegt, gepflegt, gefangen und mit großem Genuß verspeist wurde. Es handelt sich um den Karpfen, für den ich – nun ja, – leider nur ein Rezept mit Wein parat habe. Karpfen in Portugieser.

In je 3/4 Liter Fleischbrühe und Rotwein – am allerbesten den glutvollen Portugieser von der Südlichen Weinstrasse – kocht man 30 Minuten folgende Kleinigkeiten: 2 Zwiebeln, 2 Möhren, 1 Stange Lauch, 1/4 Sellerie – alles feingewürfelt – und gibt dazu 2 Nelken, 1 Lorbeerblatt, 3 Pfefferkörner, Petersilienstengel, Salz und Muskat. Bröckeln Sie 2 bis 3 dicke Scheiben Honig- oder Lebkuchen (oder 1 Handvoll Pfeffernüsse vom Weihnachtsfest) dazu.

Lassen Sie dies alles zugedeckt 1/2 Stunde köcheln. Geben Sie es dann durch ein Sieb und lassen Sie die Soße fast bis zur Hälfte einkochen. Die portionsgerechten Stücke vom zerteilten Karpfen legen Sie ein und lassen sie zugedeckt in der Soße garen. Zwischendurch einmal vorsichtig umwenden.

Merke: Auch ein toter Karpfen will schwimmen! Der Rest des rosigen Portugiesers ist also für Sie.

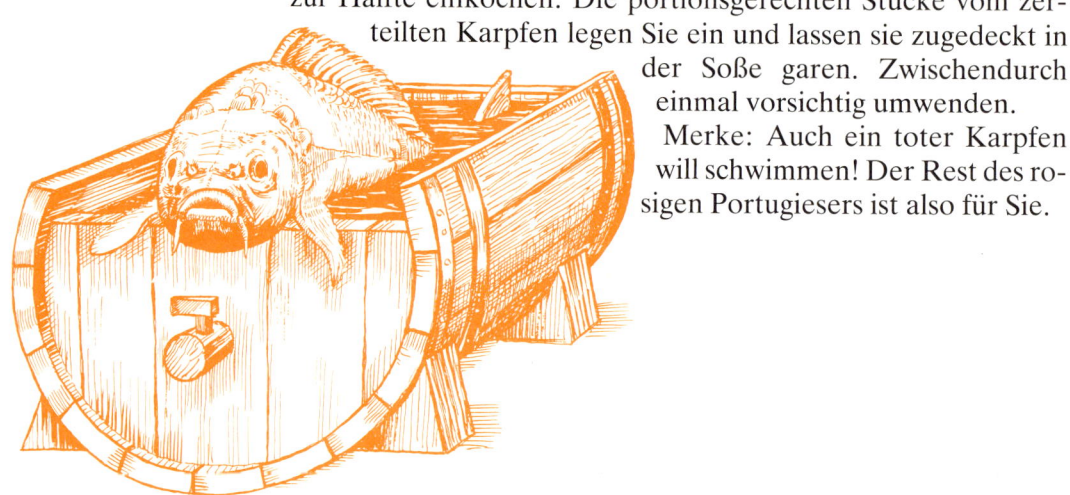

Heilbutt in Weißwein

Fisch muß schwimmen! Dieser doppelzüngige Satz ist mehr als eine willkommene Entschuldigung für ein paar Schoppen nach vollbrachter Tat.

Fisch muß schwimmen – und zwar in der Küche am besten in Wein. Diese Erkenntnis französischer Schlemmer nahm den kürzesten Weg ins Weinland Pfalz – wo seit alters her der Fisch ohnehin zur guten Küche gehört.

Frische Heilbutt-Schnitten (je etwa 200 Gramm) salzen, leicht pfeffern und beidseitig mit etwas Zitronensaft einreiben. 1 mittelgroße Zwiebel fein schneiden und in eine ausgebutterte, feuerfeste Form (Pfanne) streuen. Die Fisch-Schnitten einlegen, mit gehackten Zwiebeln und Petersilie bestreuen. Leichten, weißen Wein bis zur halben Höhe der Scheiben dazugießen und in den vorgeheizten Backofen geben. Wenn der Wein zum Kochen gekommen ist, den Fisch mit Folie abdecken. Gut 10 Minuten weiter garen lassen. Dann den Fisch vorsichtig herausnehmen, den Sud durch ein Sieb geben und bei kräftiger Flamme bis zur Hälfte einkochen. Mit 1/8 Liter süßer Sahne und 2 walnußgroßen Stücken Butter abseits vom Feuer schlagen, einmal kurz aufkochen lassen und über den Fisch gießen.

Wie gesagt: Fisch muß schwimmen!

Zutaten
Heilbutt-Schnitten
Zitronensaft
1 Zwiebel
Petersilie
Weißwein
1/8 l süße Sahne
Butter

Forelle in Riesling

Zutaten
Forellen
1 Schalotte
Salz, Pfeffer
Zitronensaft
1/4 l Weißwein
1/4 l süßen Rahm
125 g Champignons
1 EL Butter

Der Spruch »Fisch muß schwimmen« ist eigentlich Ausdruck recht simpler Küche und seiner Folgen. Als es noch keine funktionierende Kühlkette gab, war Fisch leicht verderblich und deshalb stets reichlich gesalzen. Das machte eben durstig. Gewiß, das wird für den Salzhering, die köstlichen Matjesfilets in alle Ewigkeit Gültigkeit behalten. Wie gut aber Wein zu Fisch paßt, das wußten die Meisterköche in Klöstern des Mittelalters schon.

Eine feuerfeste Form gut ausbuttern und mit 1 feingehackten Schalotte (Frühlingszwiebel) bestreuen, salzen und pfeffern. Die gut gesäuberte und mit Zitronensaft eingeriebene Forelle einlegen, mit wenig Schalottenstückchen, Salz und Pfeffer bestreuen. Je 1/2 Schoppen (1/4 Liter) frischen Riesling und süßen Rahm zusammen heiß werden lassen, über die Forelle gießen und 125 Gramm feingeschnittene Champignons dazugeben. Im vorgeheizten Ofen 10 bis 15 Minuten garen. Forelle vorsichtig herausnehmen und warm stellen. Die Soße auf starkem Feuer bis zur gewünschten Menge eindicken und abseits vom Feuer mit 1 Eßlöffel frischer Butter aufschlagen. Merke: Was der Forelle recht ist, sollte auch Ihnen billig sein. Nämlich frisch-fruchtigen Riesling.

Pfälzer Heringssalat

Zutaten
6 bis 8 Matjesfilets
3 Salatkartoffeln
2 Äpfel
4 Eier
1 rote Rübe
(rote Beete)
Mayonnaise
sauren Rahm
Öl, Weinessig

Daß Pfälzer Weine einen schweren Kopf machen, gehört, wie wohl inzwischen jeder weiß, ins Reich der Sage. Nachdurst machen sie aber wohl. Sofern man genug davon trinkt. So gut wie jeder andere Wein auch. Und zum Nachdurst, der für manchen frohen Zecher der schönste sein soll – gehört auch der unbändige Appetit auf herzhaft Saures. Auf mehr als Essiggurken und auf pikanteres als schnöden Rollmops. Bitten Sie Ihre Teuerste schon vor Ausbruch einer abendfüllenden Männer-Runde um die Zubereitung einer mächtigen Portion Pfälzer Heringssalat.

6 bis 8 Matjesfilets wässern (je nach Salzigkeit), trocken tupfen und in gut 1 Zentimeter große Würfel schneiden. Ebenso 3 gekochte Salatkartoffeln, 2 säuerliche Äpfel, 4 sehr hart gekochte Eier und 1 große, gekochte rote Rübe (rote Beete). Alles zusammen mit einer Mischung aus Mayonnaise und saurem Rahm (die leichte Version ist: saurer Rahm mit Joghurt) und 1 kräftigen Schuß Öl mischen. Pikant mit Weinessig abschmecken. Sehr gut sind auch 1 Handvoll gehackte Walnüsse und 1 Röhrchen Kapern dazu! Lassen Sie den Salat 2 bis 3 Stunden gut gekühlt durchziehen und bringen ihn mit frischem Bauernbrot auf den Tisch. Das ist das Ideale gegen Nachdurst. Und das ist das Schöne, daß sich hiernach prompt der nächste Durst auf kühlen, frischen Riesling einstellt ...

Forellen in Rotwein

Zutaten
Forellen
1 l Rotwein
1 Lorbeerblatt
Salz, 3 Pfefferkörner
3 Wacholderbeeren
2 Zitronenscheiben
1/2 Zwiebel
Petersilie
Mondamin
oder Mehlbutter
evtl. Muskat
und Zucker

In unseren Bächen, die vom Pfälzer Wald den Weg durch Wiesen und Felder nehmen, gibt es springlebendige Forellen. Und weil deren kristallklares Element durch unsere Weinberge fließt, fühlen sich diese Edelfische in unserem Wein besonders wohl. Zum Beispiel Forellen in Rotwein.

1 Liter Rotwein mit 1 Lorbeerblatt, Salz, 3 Pfefferkörnern, 3 Wacholderbeeren, 2 Zitronenscheiben, 1/2 Zwiebel und etwas Petersilie zum Kochen bringen und 10 Minuten ziehen lassen. Dann die Forellen einlegen und etwa 15 Minuten – je nach Größe – sanft garen. Vorsichtig herausheben und warm halten. Den Sud abseihen, auf die Hälfte einkochen und mit etwas Mondamin oder Mehlbutter leicht binden. Abschmecken und eventuell mit Muskat und Zucker nachwürzen. (Merke: Mit 1 Prise Zucker kann man nie etwas verderben – aber fast alles verbessern!) Die Forellen auf vorgewärmten Teller geben und mit der Soße übergießen. »Gequellte« (Pellkartoffeln) und reichlich frischer Riesling passen am besten dazu.

Kläne Ferz fer zwischedurch

Gequellte mit weißem Käs'

Weil wir gerade bei den einfachen Freuden der Tafel sind: Den wahren Gourmet erkennen Sie daran, daß er sich zwar in der ach so hochgepriesenen »nouvelle cuisine« auskennt, – sich jedoch freudig mit Herz und Gaumen zu den ehrlichen, einfachen, deftigen Gerichten bekennt, die im Schoß der Landschaft und in den Küchen unserer Vorfahren gewachsen sind. Und da mag mancher schöngeistige Gastro-Kritiker die Nase rümpfen, wenn ich sage: Es sind nicht die schlechtesten Köpfe und Zungen, die darauf schwören, daß es bisweilen nichts Pfälzischeres und Feineres gibt als unsere heißgeliebten Gequellte mit weißem Käs'.

Unnötig zu sagen, daß sich unsere vollfleischigen, festkochenden und doch sandig-sanften Kartoffeln am besten dafür eignen. Ob Sie nun Gequellte oder Pellkartoffeln dazu sagen, die Hauptsache aber ist der weiße Käs', den jede Familie anders zubereitet.

1 Kilogramm Sahnequark mit Milch dicksämig aufschlagen. Salzen, pfeffern, feingewürfelte Zwiebeln und/oder Schnittlauch daruntermischen. Die Kartoffelstücke gründlich durch den Käs' schleifen und dann getrost 6 bis 8 davon verdrükken. In einigen Familien gibt man 1 Stück Butter dazu. In jeder Familie aber wird die Schlichtheit dieses Mahls durch eine Reihe Schoppen wettgemacht.

Zutaten
1 kg Sahnequark
Milch
Salz, Pfeffer
Zwiebeln

Von Pfälzer Weinfesten

Daß Pfälzer feste Feste feiern, ist wohl bekannt. Warum auch nicht? Wer hart arbeitet, darf sich auch etwas gönnen. Ist es unsere Schuld, daß es hier immer wieder Anlässe zu fröhlich-geselligem Essen und Trinken gibt: Kerwe, Schlachtfest, Kindstauf', Hochzeit, Pfingsten, Ostern, neuer Wein und neue Keschte und natürlich Winzerfeste. Ja, das sind wohl die wichtigsten. Ein jedes Dörfchen feiert seinen Wein, sein Prinzeßchen oder die heimische Wurst. Und zwar niemals unter zwei vollen Tagen nebst angrenzenden Nächten.

Vom Frühjahr an können Sie sich mühelos an der ganzen Deutschen Weinstraße entlangfeiern. Aber das bunte Treiben auf den winkeligen Gassen und Winzerhöfen und der reichliche Ausschank sind keineswegs ein Vorwand, den letzten Wein des Vorjahres wohlfeil an den Mann zu bringen! Unsere Weinfeste sind Feste der Dankbarkeit gegenüber dem Herrgott, der uns diesen Reichtum an fruchtigen und vollmundigen Weinen jährlich beschert. Feste auch der Selbstbelohnung für die harte Arbeit der Winzer und Bauern. Freudenfeste schließlich, daß Fässer und Scheuer auf's neue wohlgefüllt sind.

Und Gäste? Herzlich willkommen! Willkommen ist jeder, der mit uns fröhlich ist, der das Herz auf dem rechten Fleck hat, dem unsere deftige Kost schmeckt und der den Wein so ehrt und liebt wie wir.

Die meisten Keller stehen offen. Und im Land der 1000 Schoppen nimmt die Entdeckerfreude kein Ende. Denn trotz gleich guter Böden und gleich sonnigen Klimas und sogar trotz gleicher Rebsorten schmeckt der Wein aus jedem Keller anders. Jeder Winzer hat halt seine Handschrift und da läßt er sich von keinem gelehrten Herrn der Weinwissenschaft 'reinreden. Seinen Wein macht er so wie es sein Vater tat, sein Großvater und alle seine Ur-Väter. Wem er nicht schmeckt, der soll seinen »Schnawwel in een anner Schoppe tunke«. Auf diese Weise wird jedes Pfälzer Weinfest zu einem geschmacklichen Offenbarungseid der heimischen Winzer. Das ist die interessanteste und meistdiskutierte Weinprobe des Jahres.

Der Wettstreit um die besten leiblichen Genüsse ist nicht minder heftig. Hier geht der Pfälzer seiner Nase nach. Wo Kesselfläsch, Kraut, Lewwerknepp und Bratwürst genauso duften wie daheim – nur da verschafft er sich die solide Unterlage für ein paar Schoppen mehr als üblich.

Das findet in bunten Zelten statt, wo Tisch' und Bänke so dicht gedrängt stehen, daß geselliger Kontakt geradezu erzwungen wird. Und jedem ist es recht so. Da bleibt er dann hokken, der Pfälzer, und schiebt zwischen zwei Schoppen noch in aller Ruhe ein paar Fläschknepp, und nach dem nächsten Schoppen vielleicht ein tellergroßes Stück Rahmkuchen – und so weiter bis die Sterne funkeln ...

Pfälzer Zwiwwel-Markschnitten

Zutaten
4 bis 6 Markknochen
300 g Zwiebeln
125 g geriebener Gouda
oder Emmentaler
3 Eigelb
1/8 l süße Sahne
Salz, Pfeffer, Muskat

Wundern Sie sich nicht über die Vielfalt an Zwiebelgerichten. Aber wo soviel prächtige, knackige Zwiebeln gedeihen, da läßt man sich schon 'was einfallen. Und wer ehrlich ist, gibt zu, daß er außer Zwiebelkuchen diese gerngesunde Knolle fast nur zum Würzen gebraucht hat. Manche nennen dieses Gericht »Herren-Toast«. Aber das ist ein ganz und gar unpfälzischer Ausdruck.

4 bis 6 Markknochen 5 Minuten sprudelnd kochen. Abkühlen lassen, Mark herausdrücken und in Scheiben schneiden. Nicht so dünn!! 300 Gramm Zwiebeln in feine Ringe schneiden, 5 Minuten sprudelnd blanchieren, damit die gröbste Schärfe sich verflüchtigt und dann gut abtropfen lassen.

Die Markscheiben dicht auf leicht angeröstete Graubrotscheiben – bitte nicht auf pappigem Industrie-Toast – verteilen. Leicht salzen und pfeffern. Zwiebeln darübergeben und mit 125 Gramm geriebenem Gouda oder Emmentaler bestreuen. 3 Eigelb mit 1/8 Liter süßer Sahne verquirlen, mit Salz, Pfeffer und Muskat würzen und vorsichtig darübergießen. Im vorgeheizten Backofen bei 200 Grad etwa 20 Minuten backen. Ich gebe beim Blanchieren der Zwiebeln noch 3 saftige Knoblauchzehen ins Wasser. Darauf kommt es nun auch nicht mehr an. Heiß nur muß das serviert werden. Und sehr kühl sollte der Riesling sein, der in der Pfalz so wohltuend reinrassig schmeckt, wie Riesling schmecken kann ...

Pälzer Griebe-Schmalz

Es wird immer beliebter, bei Garten- und Grillfesten, bei unkonventionellen Steh-Empfängen, ja sogar bei der Eröffnung von Ausstellungen und Galerien ausgerechnet Schmalzbrote zu »reichen«. Aber wer weiß schon noch, wie kräftig-deftiges Pälzer Griebe-Schmalz gemacht wird?

4 Pfund ungeräucherten und 1 Pfund geräucherten Bauchspeck in mindestens 2 Zentimeter große Würfel schneiden. Reichlich 2 Pfund geschälte Zwiebeln grobwürfeln. Den Speck im großen Topf unter häufigem Rühren schmelzen lassen. Wenn genug flüssiges Fett ausgetreten ist, dieses schöpflöffelweise abnehmen und zu den Zwiebeln in einen Topf geben und erhitzen. Wenn die Grieben goldbraun sind, sofort durch ein Drahtsieb (nicht Plastik!) in einen anderen Topf gießen. Das flüssige Schmalz zu den Zwiebeln geben. (Vorsicht: kann aufschäumen.) Häufig umrühren, bis die Zwiebeln goldbraun sind. Dann sofort ebenfalls über ein Sieb gießen. Wenn das Schmalz etwas abgekühlt ist, gibt man Zwiebeln und Grieben dazu. Ferner 2 Eßlöffel Majoran, 1 Teelöffel Thymian, 3 große zerquetschte Knoblauchzehen und 1 Teelöffel frisch-gemahlenen schwarzen Pfeffer. Vor dem Festwerden häufig umrühren, damit Grieben und Zwiebeln gleichmäßig verteilt sind.

Na, – das dauert seine Zeit. Bis dahin schaffen Sie gut und gerne zwei Schoppen Riesling.

Zutaten
4 Pfd. ungeräucherten Bauchspeck
1 Pfd. geräucherten Bauchspeck
2 Pfd. Zwiebeln
2 EL Majoran
1 TL Thymian
3 Knoblauchzehen
1 TL schwarzen Pfeffer

Pfälzer Winzer-Toast

Zutaten
Bauernbrot
Hausmacher
Leberwurst
Zwiebeln
Schmalz
Pfeffer

Ein »Toast Hawaii« mit gekochtem Schinken, Käse und der unvermeidlichen Ananasscheibe darauf – das alles auf pappigem Fertig-Toastbrot – läßt einen Pfälzer schaudern. Unsere Version ist älter, kräftiger und deftiger.

Knuspriges Bauernbrot in Scheiben auf beiden Seiten leicht anrösten. (Ohne Fett!) Dick mit Hausmacher Leberwurst aus Darm oder Dose bestreichen. Griebewurst (Blutwurst mit Speck) geht ebenso. Reichlich Zwiebeln fein hacken, in Schmalz glasig dünsten und auf das Wurstbrot häufeln. Frischer Pfeffer darüber. Fertig! Und bitte keine Butter vorher aufs Brot streichen. Davor graust uns bei Wurstbroten ebenso.

Und dann macht unser Winzer-Toast auch ungleich mehr »Dorscht« als sein degenerierter Verwandter aus Hawaii. Darum schmeckt herzhafter, trockener Wein, Kerner oder Ruländer am besten dazu.

Pfälzer Handkäs'

Es ärgert uns schon, was einem in deutschen Landen so als »Handkäs mit Musik« zugemutet wird. Aber bitte, – Sie brauchen ihn ja auch nicht in Flensburg oder Passau zu essen! Bei uns kommt es nicht auf die »Musik« an, sondern einzig und allein darauf, daß er mit Liebe und Sorgfalt bereitet wird und vor allen Dingen lange genug in Wein und Korn gelegen hat. Im Gegensatz zum »Mainzer« hier also der Pfälzer Handkäs.

8 bis 10 Handkäs', die innen noch recht »gipsig-weiß« sein müssen, schichte man in einem irdenen Topf – so man hat. 1 gehäuften Eßlöffel Kümmel gibt man zwischen die Käs'chen. Dann begießt man das Ganze mit 1 dreistöckigen Doppelkorn und 1 Schoppen (1/2 Liter) Weißwein.

Der Topf muß sauber abgedeckt werden. Nach 4 Tagen verrät Ihnen schon der Duft, daß Ihr Handkäs' reif ist. Und nun die Musik dazu: 3 Eßlöffel Öl mit 2 Eßlöffel Wein und 1 Eßlöffel Weinessig gut verrühren. 1 feingewürfelte Zwiebel untermischen und mit Pfeffer und Salz kräftig würzen. Etwas ziehen lassen. Dann die Käse aus dem Sud nehmen und auf dem Teller mit der »Musik« übergießen. Uralte Pfälzer schwören darauf, daß eine reife, würzige Spätlese der Pfalz, – etwa vom Morio oder Gewürztraminer – so einem Käs'chen Adel verleihen.

Zutaten
8 bis 10 Handkäs'
1 EL Kümmel
Doppelkorn
1/2 l Weißwein

3 EL Öl
2 EL Wein
1 EL Weinessig
1 Zwiebel
Pfeffer, Salz

Froschschenkel auf Spinat

Zutaten
600 g frischen Blattspinat
Salzwasser
2 EL Butter
Salz, Pfeffer, Muskat
Froschschenkel
Knoblauch
Zitronensaft
Butter
1 Schuß Weißwein
1 EL Ptersilie

In der Pfalz waren Froschschenkel und Weinbergschnekken noch für unsere Großeltern gar keine besonderen Gerichte. Damals sagte man: Die »wachsen« auf der Wiese und im Wingert. Und aus jener Zeit stammt dieses Rezept.

600 Gramm frischen Blattspinat in reichlich Salzwasser einmal kurz aufwallen und 2 Minuten ziehen lassen. Abtropfen lassen und gut ausdrücken. Mit 2 Eßlöffel Butter bei schwacher Hitze durchschwenken. Mit Salz, Pfeffer und Muskat abschmekken. Die aufgetauten und abgetuften Froschschenkel salzen, pfeffern, mit zerquetschtem Knoblauch bestreichen, mit Zitronensaft beträufeln und in wenig Butter beidseitig je eine Minute dünsten. 1 Schuß trockenen Weißweins dazugeben und weitere 3 Minuten darin dünsten. In der letzten Minute 1 Eßlöffel feingehackter Petersilie dazugeben.

Auf vorgewärmte Teller den Spinat geben und darauf die Froschschenkel anrichten. Die Soße bei starker Hitze schnell einkochen und über die Schenkel geben. Davon kann man mehr essen als üblicherweise angeboten wird. Riesling der Pfalz paßt gut dazu und schmeckt ebenfalls nach mehr.

E klä Desserche owedruff

Kersche-Plotzer

Hier ein überliefertes Rezept »zum Verführen (zur Not des eigenen) Mannes!« Wichtigste Zutat: Ein Fläschchen Spätlese von der Rebsorte Morio-Muskat, die nirgendwo sonst so betörende Würze entwickelt wie an der Südlichen Weinstrasse. Und dann backen wir einen Kersche-Plotzer.

Auf Hochdeutsch würde man wohl Kirschen-Michel sagen. (Aber dann schmeckt er uns nicht mehr!) Ob sich die Früchte anderer Provenienzen so gut dazu eignen wie die prallschwellenden, glutroten und sündig-süßen Kirschen des Paradiesgartens der Südlichen Weinstrasse – das weiß ich nicht. Versuchen wir es trotzdem.

10 bis 12 trockene Semmeln fein schneiden. 3/4 Liter warme Milch darübergießen und einziehen lassen. Je 80 Gramm Butter und Zucker, 6 Eigelb und 1 Teelöffel Zimt schaumig rühren. Zusammen mit dem Eischnee und 3 Pfund entsteinten süßen Kirschen unter die Semmelmasse heben und in der gebutterten Auflaufform in etwa 1 Stunde bei mittlerer Hitze backen.

Ja, – und dazu schmeckt wirklich köstlich (und nach mehr) so ein Fläschchen vom würzigen Morio-Muskat. Die Mädchen an der Südlichen Weinstrasse schwören darauf, daß dies seine Wirkung nicht verfehlt.

Zutaten
10 bis 12 trockene Semmeln
3/4 l Milch
80 g Butter
80 g Zucker
6 Eigelb
1 TL Zimt
6 Eiweiß
3 Pfd. Kirschen

Pfälzer Wein-Gelee

Zutaten
1 l Weißwein
1/4 l Wasser
1/4 Pfd. Zucker
1 Zimtstange
3 Nelken
Schale einer halben Zitrone
14 Blatt weiße Gelatine
Zucker, Zitronensaft
Sahne
Vanillezucker

Diese Nachspeise darf bei Hochzeit, Kindstauf oder anderen Anlässen gewaltigen Schlemmens nicht fehlen. Und man opfert in der Pfalz hierfür gerne seinen köstlichsten Wein.

1 Liter guten, lieblichen, würzigen Wein (Spätlese vom Gewürztraminer oder Morio-Muskat) mit 1/4 Liter Wasser, 1/4 Pfund Zucker, 1 Zimtstange (5 Zentimeter), 3 Nelken und der Schale einer halben Zitrone aufkochen. 14 Blatt weiße Gelatine in kaltem Wasser einweichen, ausdrücken und zum Wein geben. Mit Zucker und Zitronensaft abschmecken. In Portionsgläser seihen und erstarren lassen. Mit Vanillezucker gewürzte Schlagsahne darübergeben und kühl servieren.

Aber selbstverständlich trinken wir unseren Wein dazu! Stets den gleichen, der im Gericht steckt.

Feiner Käschte-Pudding

Die schöne Zeit der frischen Käschte – andererorts Maronen genannt – währt nicht lange. Zumal sie so frisch wie möglich nach dem Sammeln gegessen werden wollen. Einen ganz feinen Sonntags-Nachtisch gibt es in der Pfalz. Dieser feine Käschte-Pudding verdient durchaus den fremdländischen Titel »Soufflé«.

1 Pfund kreuzweise eingekerbter Käschte in einer Mischung aus 1/2 Milch, 1/2 Wasser 15 Minuten vorkochen und heiß pellen. Die Kerne im Mixer pürieren oder durch die feine Scheibe des Fleischwolfs drehen. 5 Eidotter mit 80 Gramm weicher Butter und 150 Gramm Zucker gut schaumig rühren. Die pürierten Kastanien, 50 Gramm Weißbrotbrösel (besser Biskuit) und 30 Gramm geriebene Haselnüsse einrühren. Zwei Tütchen Vanillezucker dazu. Vom steifgeschlagenen Schnee der 5 Eiweiß 1/3 zum Auflockern in den Teig rühren, den Rest vorsichtig unterheben. Die Masse in eine gut ausgebutterte Form, die mit Weißbrotbrösel ausgestreut wurde, geben. Diese bitte nur bis zur Hälfte füllen, da der Pudding schön aufgeht. Nun in etwa 40 Minuten im Wasserbad im Backofen köcheln! (Nicht kochen lassen.) Sofort servieren und dabei Portionen vorsichtig ausstechen. Und mit Vanillezucker gesüßte Schlagsahne macht dieses Dessert zu einem Zeugnis des Pfälzer Schlemmerparadieses.

Zutaten
1 Pfd. Käschte
Milch, Wasser
5 Eigelb, 5 Eiweiß
80 g Butter
150 g Zucker
50 g Weißbrotbrösel
30 g Haselnüsse
2 Päckchen Vanillezucker

Johann Philipp Bronner war Apotheker, Weingutsbesitzer, Rebenzüchter und wohl der erste Weinbau-Forscher der Pfalz. Seinem Buch verdanken wir tiefen Einblick in den Weinbau, die Gesellschaftsstruktur und das Brauchtum unserer Heimat in vergangenen Jahrhunderten

Der Weinbau
am Haardtgebirge
von Landau bis Worms,

dargestellt

von

Joh. Ph. Bronner,

Apotheker und Weinguts-Besitzer in Wiesloch, mehrerer gelehrten und ökonomischen Gesellschaften und des badischen Landwirthschaftlichen Vereins Mitglied.

Mit vier lithographirten Tafeln.

Heidelberg,
in der Universitätsbuchhandlung von C. F. Winter.
1833.

Wer von dem rechten Rheinufer aus dahin kommt, der kann auch nur dann begreifen, wie diese ungeheueren Weinfelder zu rechter Zeit gebauet werden können, wenn er sieht, wie schnell, und mit welcher Kraftanstrengung die Leute arbeiten, und besonders mit den starken Werkzeugen; allein der Trunk darf auch hier nicht fehlen, er gilt ihnen mehr wie das Essen; von ihm schöpft der Arbeiter hauptsächlich seine Kraft, oder glaubt sie aus ihm zu schöpfen. —

Bey diesem Ueberflusse von Wein, zumal da er oft nicht hoch im Preise steht, wäre es auch ungerecht, dem die Gabe Gottes zu versagen, der so oft mit schweißtriefendem Körper sie zu gewinnen bemüht ist.

Bey allem diesem bleibt der arme Mann doch immer arm. Bey dem Mangel an Feld und Gartenbau erfordern seine Lebensbedürfnisse, die er nur auf dem Markte haben kann, immer baare Auslage. Sein Verdienst reicht oft nicht hin — zumal im Winter — diese zu bestreiten; er ist also genöthigt, bey seinem Dienstherrn Geld aufzunehmen, mit dem Versprechen, die Schuld durch seinen Wein, den er aus einigen Stückchen erhält, zu tilgen. Kommt die Zeit des Herbstes heran, so erhält gewöhnlich der Most vermöge der außerordentlichen Menge, einen geringen Preis, auf welchen hernach abgerechnet wird. Der Dienstherr keltert diesen wohlfeilen Most ein, wartet eine günstige Zeit ab, ihn zu verkaufen, und gewinnt somit nicht allein seine Kapitalzinsen, sondern oft noch so viel, daß seine Weingüter frey und kostenlos gebaut werden. Die Folge davon bildet die zwei Extreme: Reich und Arm. Jedoch giebt es auch hierin Ausnahmen.

Nur zwei Passagen aus dem Werk des Joh. Phil. Bronner möchten wir zitieren. Sie bezeugen zum einen den Fleiß und den Durst der Pfälzer Winzer. Zum anderen beweist der zweite Absatz, daß es Quereleien um die Weinbereitung zu allen Zeiten gegeben hat

Süßer Kartoffel-Auflauf

<u>Zutaten</u>
1 Pfd. Kartoffeln
100 g Zucker
100 g Butter
5 Eigelb, 5 Eiweiß
40 g geriebenes Weißbrot
60 g geriebene Mandeln
Grieß

Schlicht, aber köstlich, das gilt wohl für die meisten Pfälzer Gerichte. Aus einfachen Zutaten Gutes zu bereiten, darin offenbart sich bodenständige Kochkunst. Ein deftig-feines Zeugnis dafür ist unser Kartoffelpudding. Zwar gehören die unverbildeten Kartoffeln unseres Landes dazu, doch eine festkochende, mehlige Knolle anderer Herkunft tut's auch.

1 Pfund in der Schale gekochte Kartoffeln pellen, heiß durch die Kartoffelpresse drücken (passieren) und abkühlen lassen. 100 Gramm Zucker mit 100 Gramm weicher Butter schaumig rühren und nach und nach 5 Eigelb einrühren. 40 Gramm geriebenes Weißbrot, 60 Gramm geriebene Mandeln und die Kartoffelmasse gut miteinander vermengen. Die 5 Eiweiß zu festem Schnee schlagen, 1/3 davon zum Auflockern in den Teig rühren und den Rest vorsichtig unterheben. In eine gut gebutterte und mit feinem Gries ausgestäubte Form geben (nur bis zur halben Höhe!) und im Wasserbad im Backofen 30 bis 40 Minuten köchelnd ausbacken. (Nicht kochen!)

Kompott von Kirschen oder Quetsche (Zwetschgen) schmecken am besten dazu. Und – ob Sie's glauben oder nicht – ein Schoppen vom vollmundigen Pfälzer Portugieser ebenso!

Versoffene Schwestern

Dies ist eines der wenigen Pfälzer Gerichte, zu denen man keinen Wein empfehlen kann. Aus guten, akzeptablen Gründen. Es wird der Pfälzer feinen Küche zugerechnet und hat dennoch den drastischen Namen »Versoffene Schwestern«.

Je 3 Eßlöffel Zucker, Mehl und 3 Eigelb sehr gut schaumig rühren. 2 Päckchen Vanillezucker und die abgeriebene Schale einer 1/2 Zitrone sowie 1 Prise Salz zugeben. Vom festgeschlagenen Schnee der 3 Eier 1/3 zum Auflockern einrühren und den Rest vorsichtig unterziehen. Mit dem Teelöffel sticht man kleine Küchlein heraus und backt sie in halb Butter und halb Öl schnell aus. Läßt man die »Schwestern« dann in heißem Rotwein »versaufen«, den man mit Zucker, Zimt, Nelke und Zitrone gewürzt hat, dann ist es ein altes Stärkungsmittel für Wöchnerinnen. Lieber ißt man die Küchlein jedoch mit Zucker bestreut und reichlich mit lauwarmem Weinschaum übergossen. So oder so kommen die Schwestern zu ihrem Wein – und Sie sollten es Ihnen gleich tun. Ein Schoppen vom gleichen würzigen Wein bitte, den Sie für den Weinschaum verwendet haben. Morio-Muskat und Gewürztraminer eignen sich besonders gut dazu.

Zutaten
3 EL Zucker
3 EL Mehl
3 Eigelb, 3 Eiweiß
2 Päckchen Vanillezucker
Schale einer halben Zitrone
1 Prise Salz
Butter, Öl, Rotwein
Zucker, Zimt, Nelke
Zitrone

Birne in Portugieser

Zutaten
4 Birnen

Sud
4 EL Wasser
2 TL Zitronensaft
2 EL Zucker
1 Prise Zimt
1 Nelke

1/4 l Rotwein
4 cl Portwein
oder Madeira
2 EL Weinbrand
2 EL Zucker
1 TL Speisestärke

Im mildesten Klima Deutschlands und auf den wohl fruchtbarsten Böden gedeihen neben den vielen, saftigen Weinen auch köstliche, süße Früchte in gleicher Üppigkeit. Und wenn man beide zusammen in einem Gericht vermählt, dann darf sich dies zu recht »pfälzisch« nennen. Beispiel: Birne in Portugieser.

4 reife, süße, feste Birnen werden geschält, halbiert und entkernt. In einem Sud aus 4 Eßlöffel Wasser, 2 Teelöffel Zitronensaft, 2 Eßlöffel Zucker, 1 Prise Zimt und 1 Nelke werden die halbierten Birnen 6 bis 8 Minuten gedämpft und dann herausgenommen. 1/4 Liter Portugieser Rotwein, 4 Zentiliter Portwein oder Madeira, 2 Eßlöffel Zucker 10 Minuten köcheln lassen. 1 Teelöffel Speisestärke in etwas kaltem Wasser auflösen, dazugeben und kurz aufkochen lassen. Dann 2 Eßlöffel eines guten deutschen Weinbrands einrühren, den Sud über die Birnen gießen. Der Topf muß so eng sein, daß die Birnenhälften bedeckt sind. Möglichst 48 Stunden ziehen lassen und dann kalt servieren.

Auf eine Wein-Empfehlung verzichte ich freiwillig – sofern Sie den füllingen, fruchtigen Portugieser der Pfalz verwendet haben.

Portugieser-Pflaumen

Wenn man einen Besenstiel in den Boden der Südlichen Weinstrasse steckt, dann blüht der im nächsten Frühling. Sagt man. Aber ernsthaft: Dort wo jede Rebsorte Jahr für Jahr zu reifem, frisch-fruchtigem Wein wird, da gedeihen auch knackig, pralle Pflaumen! Und die ganz besonders dick und aromatisch. Für dieses Rezept brauchen Sie allerdings getrocknete Pflaumen (Kurpflaumen), deren Herkunft wir nicht kontrollieren können. Sei's drum. Hauptsache unser Wein ist dabei.

Pro Person nehmen Sie 8 bis 10 entsteinte Kurpflaumen und stecken je 1 ungeschälte, süße Mandel hinein. Dann kochen Sie 3/4 Liter Portugieser der Südlichen Weinstrasse mit 3 Eßlöffel Zucker und 1 Stange Zimt (oder 1/2 Teelöffel) auf. Die Pflaumen lassen Sie dann gut 20 Minuten sanft ziehen (nicht kochen!). Servieren Sie die Früchte auf vorgeheizten Tellern und geben Sie mit Vanillezucker gesüßte Schlagsahne darüber. Das ist ein feurig-fruchtiger Abschluß eines guten Mahls. Und 'mal etwas ganz anderes. Begraben Sie die Pflaumen unter der Sahne, dann ist die Überraschung perfekt. Und wenn jemand fragt, was denn da so köstlich weinig schmeckt, – dann schenken Sie ihm ein Glas vom feurig-fröhlichen roten Portugieser der Südlichen Weinstrasse ein.

Zutaten

Kurpflaumen
Mandeln
3/4 l Rotwein
3 EL Zucker
1 Stange Zimt
süße Sahne
Vanillezucker

Wein-Aprikosenspeise

Zutaten
1 Päckchen getrocknete Aprikosen
Weißwein
1 Zimtstange
2 Nelken
Zucker
Vanillezucker
evtl. 1 bis 2 Gläschen Aprikosenlikör oder Aprikosengeist

Die Pfälzer Sonne beschert uns neben Maronen, Mandeln, Zitronen und sogar Feigen natürlich auch vollsaftige aromatische Aprikosen. Doch wenn es um diese Leckerei geht, da kennen wir keinen Nationalstolz. Da nehmen wir getrocknete – egal woher. Hauptsache, sie sind so trocken, daß sie sich kräftig mit unseren Weinen vollsaugen können. Und diese delikate Kombination schmeckt kühl genossen ebenso wie warm.

1 Päckchen (nach Bedarf mehr) getrockneter Aprikosen werden über Nacht in Wein eingeweicht. Ein würziger sollte es sein, wie Morio-Muskat oder Gewürztraminer – und am besten von der Südlichen Weinstrasse. Die kocht man dann am nächsten Tag, knapp bedeckt im selben Wein weich, wobei man 1 kleine Zimtstange und 2 Nelken zufügt. Dann abgießen, Nelke und Zimt entfernen und im Mixer oder mit dem Rührstab pürieren. Soviel vom Kochwein zugeben, daß die Speise dicklich bleibt. Mit Zucker und Vanillezucker nach Geschmack nachwürzen.

In Gläser oder Schalen füllen, erkalten lassen und Schlagsahne daraufsetzen. Etwas geriebene Schokolade (Borkenschokolade) darüberstreuen – fertig.

Raffiniert: So man hat, rührt man vor dem Erkalten noch 1 bis 2 Gläschen Aprikosenlikör oder Aprikosengeist darunter. Und wenn Sie pro Gast zwei Schälchen bereiten, dann bleibt erfahrungsgemäß trotzdem nichts übrig.

Saumagen, die ursprünglichste Deftigkeit Pfälzer Küche gibt es hier – und sonst nirgendwo auf der Welt. Man kann ihn nach Rezept selbst bereiten, aber niemand tut es, der ihn ein einziges Mal in einer Pfälzer Weinstube gegessen und heimischen Wein dazu getrunken hat

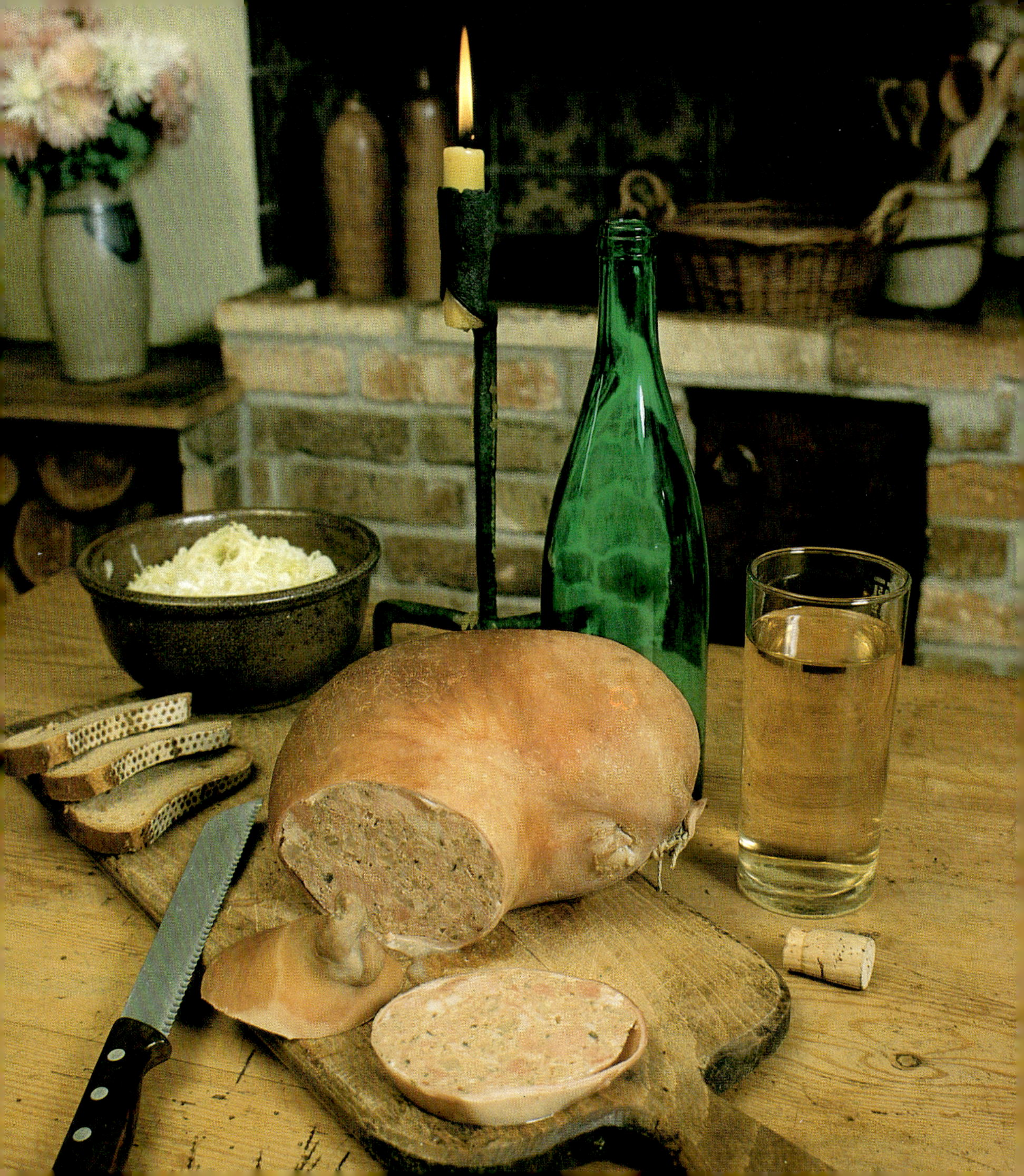

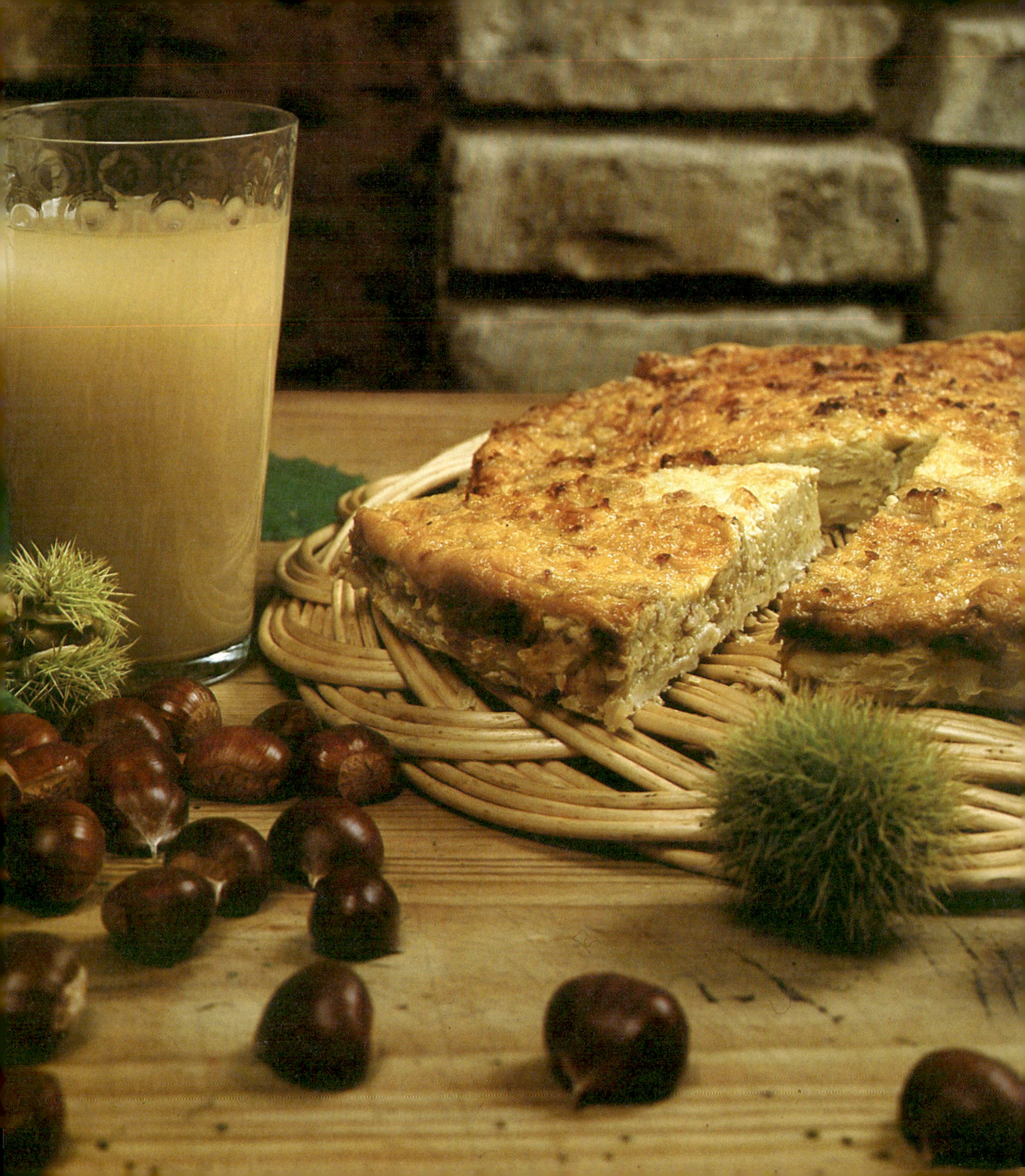

Pfälzer Weinschaumberg

Die Weinsoße und die Weinsupp' kennen Sie als Pfälzer Leibspeise ja schon. Aber da gibt es ein Renommiergericht, – fast zu fein für uns. Und nur für noble Gäste.

4 frische Eigelb mit einem 1/2 Schoppen (1/4 Liter) trockenen Weißwein, 3 Teelöffel Mondamin, etwa 80 Gramm Zucker und 2 Eßlöffel Zitronensaft sehr gut verquirlen. Dann erst die Masse bei mittlerer Temperatur (besser im Wasserbad) unter ständigem Rühren langsam erhitzen, bis die Creme dicklich und schaumig wird und aufsteigt. Sofort in kaltem Wasserbad weiterrühren, bis sie kühl ist. In eine flache, feuerfeste Form (etwa 5 Zentimeter hoch) füllen und 1/2 Stunde kalt stellen. Die 4 Eiweiß sehr steif schlagen, 2 Eßlöffel Zucker und 1 Päckchen Vanillezucker unterziehen und als wolkige Haube auf die erkaltete Creme häufen. 3 bis 4 Eßlöffel Mandelblättchen darüberstreuen und im vorgeheizten Backofen bei etwa 220 Grad überbacken bis die »Schneewolke« goldbraun ist. Dann sofort servieren. Und, glauben Sie ja nicht, daß dazu eine trockene Spätlese von der Südlichen Weinstrasse nicht hervorragend schmeckt. Gewürztraminer oder Morio-Muskat.

Zutaten
4 Eigelb
4 Eiweiß
1/4 l Weißwein
3 TL Mondamin
80 g Zucker
2 EL Zitronensaft
2 EL Zucker
1 Päckchen Vanillezucker
3 bis 4 EL Mandelblättchen

Ein Jahr lang freut sich jeder Pfälzer auf den neuen Wein, den Federweißen. Und auf das, was unbedingt dazugehört: Warmer, duftiger Zwiwelkuchen und geröstete Käschte aus unseren Wäldern

Geschmälztes aus Weinteig

Zutaten
1/2 Pfd. Mehl
2 EL Öl
2 TL Zucker
1 Prise Salz
1/4 l Weißwein
3 Eiweiß
Schmalz
oder Pflanzenfett

Eigentlich dürfte es niemanden verwundern, daß es in der Pfalz sogar ein Backwerk gibt, dessen Teig ohne alle Milch oder gar Wasser – sondern mit Wein bereitet wird. Versuchen Sie einmal wie köstlich solches Backwerk schmeckt.

1/2 Pfund Mehl, 2 Eßlöffel Pflanzenöl, 2 Teelöffel Zucker, 1 Prise Salz und 1 knappen Schoppen (reichlich 1/4 Liter) eines würzigen Weines der Südlichen Weinstrasse (Gewürztraminer oder Morio-Muskat) zu einem glatten Teig verrühren. Den steifgeschlagenen Schnee von 3 Eiweiß sanft unterziehen und gut mischen. In diesen Teig taucht man die gut gewaschenen Dolden von Wacholderblüten und versenkt sie sofort in einem Topf mit sehr heißem Schmalz oder auch Pflanzenfett. Goldgelb ausbacken, auf Krepp abtupfen, mit Puderzucker bestäuben und als Knabberwerk zum gleichen Wein servieren.

Dasselbe können Sie auch mit reifen Weintrauben (am Spießchen) oder mit reifen Kirschen am Stiel machen. Sie ahnen nicht, wie gut das schmeckt.

Edenkobener Auflauf

Kein Koch und kein Konditor aus der Pfalz konnte mir verraten, warum dieser köstliche, duftige Auflauf »Edenkobener« heißt. Denn in unzähligen Variationen gibt es ihn überall in der Pfalz. Ob man nun etwas mehr oder weniger vom Milchbrot, Ei oder süßen Früchten nimmt. In jedem Fall ist er ein köstliches Zeugnis Pfälzer Improvisationskunst.

6 Milchweck (oder 1 Pfund Milch-Hefebrot) sehr fein schneiden. In 1/2 Liter heißer Milch 5 Eigelb, 3 Eßlöffel Zucker, 1/2 Teelöffel Zimt und 1 Handvoll Korinthen gut verrühren und noch heiß über die Milchweck geben und quellen lassen. Mit 100 Gramm weicher Butter alles zu einem glatten Teig verrühren und mit Zucker und Salz abschmecken. Den Teig in eine gebutterte und mit Semmelbrösel ausgestreute Form geben und bei 200 Grad im vorgeheizten Ofen ausbacken, bis er gleichmäßig goldgelb ist. Dann die Oberfläche mit pürierten, eingemachten Aprikosen bestreichen. Wer will und mag vermischt das Püree mit 2 Glas Aprikosen-Likör, Kirschwasser oder Himbeergeist.

Darüber streicht man den recht festgeschlagenen Schnee der 5 Eiweiß, den man mit 2 Eßlöffel Zucker und 1 Päckchen Vanillezucker gesüßt hat. 3 Eßlöffel Mandelscheiben darüberstreuen und im Backofen bei mittlerer Oberhitze gelb werden lassen. Ich trinke am liebsten einen trockenen Spätburgunder Weißherbst von der Südlichen Weinstrasse dazu.

Zutaten
6 Milchweck
1/2 l Milch
5 Eigelb
3 EL Zucker
1/2 TL Zimt
1 Handvoll Korinthen
100 g Butter
Aprikosen
5 Eiweiß
2 EL Zucker
1 Päckchen Vanillezucker
3 EL Mandelscheiben

Karthäuser Klöße

Zutaten

altbackene Brötchen
1/2 l Milch
3 Eier
Zucker
Vanillezucker
Paniermehl
Butter

Erinnern Sie sich an die Pfälzer Weinschaum-Soße? Heute gibt es eine Leckerei, die köstlich schmeckt, leicht und schnell zu bereiten ist, und die am allerbesten mit unserer Weinschaum-Soße schmeckt. Eigentlich ist dies eine Fastenspeise. Jedoch so füllig und lecker, daß man Fleischiges ganz gern vergißt. Dennoch sind sie auch als Dessert nach abendfüllender Schlachtplatte gut geeignet.

Karthäuser Klöße: Der Teufel mag wissen, woher der heilige Name stammt. Nehmen Sie mehrere altbackene Brötchen und reiben die braune Kruste ab. Halbiert legen Sie diese dann in 1/2 Liter Milch, in die 3 Eier, etwas Zucker und Vanillezucker verquirlt wurden. Die Brötchen müssen sich darin vollsaugen, aber nicht zu weich werden. Herausheben, abtropfen lassen, in Paniermehl wälzen und in heißer Butter schön gelb backen. Auf vorgewärmten Tellern servieren und mit Weinschaum-Soße übergießen. Wer's nicht ganz so süß mag, trinke lieber einen Schoppen dazu.

Pfälzer Wein-Omelette

Manche halten diese duftige Eierspeise für ein Dessert. Aber wenn Sie einmal Appetit auf dezent-süßes und dabei fein-weiniges haben, dann verdoppeln Sie die angegebene Menge und konzentrieren sich ganz und gar darauf. Als Begleiter ist hierfür ein Wein ausdrucksvollen Charakters zu empfehlen, – vielleicht eine Spätlese von Gewürztraminer oder Morio-Muskat. Das Gericht ist nicht nur leicht und schnell zu bereiten, es wird Ihre Kinder begeistern.

3 Eigelb, je 1 Eßlöffel Zucker und Mehl mit 1/4 Schoppen (1/8 Liter) vom frischen, fruchtigen Wein der Südlichen Weinstrasse, zu einer leichten Masse verarbeiten. Den steifgeschlagenen Eischnee von 3 Eiern vorsichtig unterheben und mischen. Dann die Masse in eine gut gebutterte Pfanne geben. Leicht anbacken lassen – und dann in den heißen Backofen geben bis die Oberseite goldgelb ist. Übrigens, nehmen Sie eine Pfanne mit Metallstiel – wegen des heißen Backofens! Nach Wunsch eine Hälfte mit 2 bis 3 Eßlöffel Marmelade vorsichtig bestreichen und dann zusammenklappen. Auf vorgewärmten Tellern servieren. (Freundlicher Hinweis: Lassen Sie die Marmelade weg. Das feine Weinaroma kommt sonst nicht zur Geltung!)

Zutaten
3 Eigelb
1 EL Zucker
1 EL Mehl
1/8 l Weißwein
3 Eiweiß
2 bis 3 EL Marmelade

Pfälzer Apfel-Schaum

Zutaten
6 Äpfel
1/2 l Weißwein
10 bis 12 TL Zucker
Zitronenschale
3 Eiweiß
4 EL Zucker

Hier ist eine fruchtig-weinige, süß-saure Speise, die so recht in die Landschaft paßt. Knackige Äpfel gibt es in Fülle – und den Wein brauchen wir wohl nicht mehr besonders zu erwähnen. Probieren Sie deshalb unbesehen unseren Pfälzer Apfel-Schaum.

Dazu schält und schneidet man 6 große, säuerliche Äpfel und dünstet sie in 1/2 Liter fruchtigen Weißwein bis dieser zur Hälfte verkocht ist. Dann passiert man die Äpfel durch ein Sieb, rührt 10 bis 12 Teelöffel Zucker und die geriebene Schale von 1 Zitrone darunter. Den festen Schnee von 3 Eiweiß vorsichtig darunterziehen, das Ganze in eine gebutterte, feuerfeste Form geben und mit 4 Eßlöffel Zucker bestreuen. Bei nur 120 Grad gut 30 Minuten im Ofen backen. Es gibt Leute, die trinken Wein dazu. Ich trinke meinen saftigen Pfälzer Wein lieber vorher ...

Trauben-Auflauf mit Quark

Das ist ein Gericht, so recht nach dem Geschmack der Winzer-Kinder, – so kurz vor der Weinlese. Ein Gericht, das die Vorfreude auf den Herbst steigert und einen Vorgeschmack auf den neuen Wein gibt. Was sage ich? Winzer-Kinder? Na, – die Väter langen dabei ebenso kräftig zu. Sind sie doch eben solche, wenn auch ausgereifte Winzer-Kinder.

50 Gramm weiche Butter mit 100 Gramm Zucker schaumig rühren. Nach und nach 4 Eier, den Saft und die abgeriebene Schale 1 Zitrone und etwas Salz zufügen. Dann 500 Gramm Sahnequark und 200 Gramm feinen Gries gut einrühren. 1 Päckchen Vanillepulver, 1/2 Päckchen Backpulver und 1/8 Liter Milch zufügen und kräftig verrühren. 1 Pfund vollfleischiger gewaschener Beeren einer würzigen Rebsorte unterheben. Gewürztraminer oder Muskateller sind am besten. Die Masse in eine gut ausgebutterte Auflaufform gießen und im vorgeheizten Backofen bei 175 Grad in 50 bis 60 Minuten ausbacken. Mit Puderzucker bestäuben und warm servieren. Eine gut gekühlte Weinschaumsoße – wenn möglich vom gleichen Wein wie die jungen Beeren – schmeckt dazu am besten.

Zutaten
50 g Butter
100 g Zucker
4 Eier
Saft und Schale einer Zitrone
etwas Salz
500 g Sahnequark
200 g Gries
1 Päckchen Vanillezucker
1/2 Päckchen Backpulver
1/8 l Milch
Trauben
Puderzucker

Von Grumbeere und Gemies

Der Wahrheit die Ehre und der Bescheidenheit den Vorzug: Die Pfalz besteht nicht ausschließlich aus einem Rebenmeer, dem größten deutscher Weinlande. Nein, ein Teil besteht, es sei zugegeben, auch aus dem größten zusammenhängenden und wohl schönsten Wald. Und, auch das sei preisgegeben, aus weitem, flachen Land mit satten, saftigen, fruchtbaren Böden.

Ja, – der Boden und das gesegnete Klima lassen hier Feldfrüchte wachsen und reifen, die an Kraft und Fülle, an Saft und Wohlgeschmack ihresgleichen suchen. Das muß man im Frühling, Sommer, Herbst erleben: Die Erde dampft, die saftigen Triebe sprießen, die Pflanzen drängen ans Licht und gedeihen in üppiger Fülle zur reifen Frucht.

Klingt das übertrieben? Na, – dann fahren Sie zur Zeit der jungen Salate, der zarten Möhren (Geleriewe), der knackigen Kohlrabi, der jungen Kartoffeln und später der mächtigen, knirschenden Kohlköpfe, der Äpfel, Birnen, Beeren und Kastanien einmal durch unsere Dörfer. An jedem Hoftor preist die Oma die Früchte eigener Felder an. In einer Fülle wie beim Erntedankfest. Dabei kann man schon vom Ansehen satt werden. Die Wahl fällt schwer. Doch kaufen tun Sie bestimmt etwas. Und wenn Sie selbst als Feinschmecker behaupten, frischere, saftigere, zartere oder kernigere Feldfrüchte anderswo in gleicher Güte – und zu gleichem Preis – zu bekommen, dann müssen Sie mir das verraten.

Hier schmecken Kartoffeln noch so wie sie bei Mutter'n geschmeckt haben. Gemüse schmeckt so wie Gemüse schmecken kann. Lauch nach Lauch, Rüben nach Rüben, Möhren nach Möhren und Tomaten keinesfalls so wie die roten holländischen Wasserbehälter.

*Auch unser edles Sauerkraut,
Wir wollen's nicht vergessen,
Ein Deutscher hat's zuerst gebaut,
Drum ist's ein deutsches Essen.
Wenn solch ein Fleischchen,
weiß und mild,
Im Kraute liegt,
das ist ein Bild,
wie Venus in den Rosen.*

Ludwig Uhland

Das liegt in erster Linie an den gesegneten, fruchtbaren Böden unseres Landes. Das liegt auch am Klima. Der hohe Pfälzerwald schützt vor Kälte und Sturm – und die Ebene bis hin zum Rhein staut Wärme und Wasser. Und dann liegt es noch an der Sturheit Pfälzer Bauern. Wir beackern unsere Felder so wie unsere Vorväter. Wir nehmen wohl zur Kenntnis, was es an modernen Methoden der Düngung, Spritzung und so weiter gibt. Nur – wir brauchen das kaum.

Und wenn das alles zusammenwirkt, dann gebiert unsere Scholle eben »Grumbeere und Gemies«, deren Wohlgeschmack ein Fremder nicht so bald vergißt.

Zurück zur Bescheidenheit: Grumbeere und Gemies sind bei uns auch nicht besser als unser Wein. Und der ist nun einmal der beliebteste Tropfen deutscher Weinlande.

Pfälzer Fasten-Auflauf

Zutaten
8 Eigelb
1/2 Pfd. Zucker
120 g Weckmehl
8 Eiweiß

0,5 l Rotwein
1 Handvoll Rosinen
Zimt
100 g Zucker
Zitronenschale

Durst und Appetit in allen Ehren: Es kommt die Zeit, wo ein rechter Christenmensch so ein bißchen fasten muß! Irgendwann zwischen Aschermittwoch und Ostern. Die Fastnacht hat man ja in vollen Zügen (Schluck für Schluck) genossen. Heute also 'mal nichts Fleischiges und Schoppiges. Pfälzer Fasten-Auflauf.

8 Eigelb mit 1/2 Pfund Zucker sehr gut schaumig rühren. 120 Gramm Weckmehl zugeben und 10 Minuten quellen lassen. Den steifgeschlagenen Schnee der 8 Eiweiß vorsichtig unterziehen. Den Teig in eine gut ausgebutterte Auflaufform geben. Die Form darf nur halbgefüllt sein, denn die Masse quillt! Bei mittlerer Hitze langsam backen, bis die Oberfläche zart bräunt.

Inzwischen einen Schoppen (0,5 Liter) Rotwein mit 1 Handvoll Rosinen, etwas Zimt, 100 Gramm Zucker und 1 kleinen Stück Zitronenschale aufkochen – 15 Minuten ziehen lassen – und durch ein Sieb geben. Gießen Sie dieses herzhafte, weinige Sößchen vorsichtig über den Auflauf. Lassen Sie es verschämt, aber glücklich lächelnd einziehen. (So schön kann hierzulande die Fastenzeit sein ...)

Portugieser-Schaum

Alle Männer essen gerne Süßspeisen. Und hier in der Pfalz geben sie es auch zu. Verführen Sie Ihren Mann doch einmal mit dieser vollmundigen, nahrhaften und duftigen Leckerei aus einem Wein.

12 Eigelb mit 100 Gramm Zucker sehr gut schaumig rühren, 3/4 Liter Portugieser Rotwein, 1/2 Teelöffel Zimtpulver zugeben und im Wasserbad (60 bis 80 Grad) schlagen, bis die Masse cremig wird. Mit Zimt, Zucker und Zitrone abschmecken und warm servieren. Das schmeckt so »maulvoll« wie der Wein dieses gesegneten Landes. Und wenn der Herr der Schöpfung davon drei Teller gedankenverloren löffelt, dann ist das ganz normal. Und die zwei Schoppen vom restlichen Rotwein wird er auch nicht verachten.

Zutaten
12 Eigelb
100 g Zucker
3/4 l Rotwein
1/2 TL Zimtpulver
Zitrone

Pfälzer Wein-Trauben

Zutaten
400 g Zucker
1/4 l Weißwein
Trauben
Weinbrand

Für diese hochgeistige Nachspeise braucht man besonders aromatische Speisetrauben. Etwa vom Gewürztraminer oder dem selteneren Muskateller. Und möglichst den gleichen Wein als würzigen Sud. Und so werden sie zubereitet, die köstlichen Pfälzer Wein-Trauben:

400 Gramm Zucker in 1/2 Schoppen (1/4 Liter) würzigen Wein (Gewürztraminer oder Muskateller) auflösen und um etwa 1/3 einkochen. Schöne Trauben waschen, abzupfen, zweimal einstechen und mit dem lauwarmen Weinsud in ein schmales, hohes Glas geben. Auskühlen lassen und mit gutem Weinbrand aufgießen, bis die Beeren bedeckt sind. Mit Folie verschließen und 8 bis 10 Tage kühl ziehen lassen. Das schmeckt in trauter Zweisamkeit ebenso gut mit Vanillepudding wie zum Vanilleeis. Und selbstverständlich kann Sie niemand daran hindern, den gleichen duftigen Gewürztraminer nebenher zu trinken.

Gebackenes – un net nor süß

Kartoffelspeck-Kuchen

Wenn Sie ein paar gute, trinkfeste und weinverständige Freunde haben, – dann sollten Sie diese einmal zur Pfälzer Weinprobe einladen. Und weil man zu einer runden Weinprobe eine kräftige Unterlage braucht – hier etwas ganz und gar Pfälzisches, den Kartoffelspeck-Kuchen.

8 bis 12 Salatkartoffeln am Vortag kochen, kalt schälen, in grobe Scheiben schneiden, salzen, pfeffern und in Butter anbraten, – jedoch nicht bräunen. 1 Pfund mageren Räucherspeck in schmale Streifen schneiden. 1/4 Liter saure Sahne mit 4 Eigelb, Pfeffer, Salz, Muskat und 1 Eßlöffel Petersilie verquirlen. In eine gut gebutterte Auflaufform schichtet man nun Kartoffeln und Speckstreifen und gießt die Sahne-Ei-Mischung darüber. Im Ofen etwa 30 Minuten backen. Mit frischem Salat schmeckt das wunderbar. Nach zwei Tellern davon können Sie trinken, soviel Sie wollen.

Durstig genug werden Sie sein. Fein?

Zutaten
8 bis 10 Salatkartoffeln
Salz, Pfeffer, Muskat
Butter
1 Pfd. Räucherspeck
1/4 l saure Sahne
4 Eigelb
1 EL Petersilie

Pfälzer Eierbrot

Zutaten
350 g Mehl
20 g Hefe
1/8 l Milch
3 Eier
Butter
1 TL Salz
1/4 TL Pfeffer
1/4 TL Koriander
2 EL gehackte Kräuter

Wenn ich »Pfälzer« schon einmal mit »f« schreibe, dann tue ich das, weil ich selbst nicht immer genau weiß, wie das betreffende Gericht in unser Land geraten ist. Aber: Hier hat es zu allen Zeiten viele Rassen, viele Reben, viele Rezepte gegeben. Gleichgültig woher es stammt – hierzulande schwärmt man vom Pfälzer Eierbrot.

Aus 350 Gramm Mehl, 20 Gramm Hefe, 1/8 Liter Milch einen Vorteig bereiten. 3 Eier in lauwarmer Butter zu einer glatten Creme verschlagen, 1 Teelöffel Salz, 2 Eßlöffel gehackte Gartenkräuter, je 1/4 Teelöffel Pfeffer und Koriander zugeben und zu einem lockeren Teig schlagen. 15 Minuten zugedeckt gehen lassen. Dann zur Kugel formen, in gefettete Form geben und nochmals 15 Minuten gehen lassen. Im vorgeheizten Ofen bei 220 Grad knusprig braun backen. Dieses Brot wird warm gegessen und schmeckt köstlich zu einem Salat aus geviertelten harten Eiern, die mit Zitronen-Mayonnaise, gehackten Kapern und Petersilie angemacht sind.

Pfälzer Lauch-Kuchen

Hier ist der echte und rechte Männer-Kuchen zum Wein! Herzhaft, pfälzisch, köstlich und – er macht sooo durstig. Aber die angenehme Wirkung dieses Kuchens beschränkt sich nicht nur auf Männer! Da sind wir total emanzipiert.

300 Gramm gewürfelten, durchwachsenen Speck in 100 Gramm Butter auslassen. 3 Pfund feingeschnittenen, jungen Lauch darin dünsten bis er Farbe annimmt. Mit 3 Eßlöffel Mehl bestäuben und umrühren. Ein gut gefettetes Backblech mit vorbereitetem, ausgerolltem Hefeteig belegen und den Rand etwas hochziehen. Mit der Lauchmasse bestreichen und 10 Minuten gehen lassen. Dann im vorgeheizten Ofen bei 220 Grad 15 Minuten vorbacken. Herausnehmen und mit einer gut verquirlten Mischung aus 1/4 Liter süßem Rahm, 4 ganzen Eiern, gewürzt mit Salz, Pfeffer und Muskat, übergießen. Wieder in den Ofen geben und in weiteren 15 Minuten ausbacken. Warm servieren! Die Skat-Runde oder das Damenkränzchen möchte ich sehen, die dabei nicht große Augen bekämen. Und wie gesagt, – der Kuchen macht ganz schön durstig.

Zutaten

Hefeteig

300 g durchwachsenen Speck
100 g Butter
3 Pfd. Lauch
3 EL Mehl
1/4 l süßen Rahm
4 Eier
Salz, Pfeffer, Muskat

Vom Brot der Pfälzer

> Pfalzweine können sein wie eine lautfröhliche Marketenderin, aber auch wie eine einzige große Geliebte, der man sein ganzes Leben treu bleibt...

Wenn Sie in eine Weinstube kommen und mit einem heimischen Winzer am Tisch sitzen, kann dies geschehen: Der Wirt bringt Brot und einen Schoppen Wein. Der Tischnachbar bricht sich ein Stück davon, kaut bedächtig, trinkt darauf einen guten Schluck und sagt versonnen: »das gute Brot«. Dann wissen Sie, daß Sie in der Pfalz sind. Er hat nicht gesagt: »ein gutes Brot«, sozusagen als Urteil über die Arbeit des Bäckers. Er hat gesagt: »das gute Brot«. Kein Erlebnis vermag die Einstellung des Pfälzers zur Frucht der Erde und der Hände Arbeit, seine Dankbarkeit gegenüber dem Schöpfer und seine tiefe Verwurzelung mit heimischer Scholle überzeugender zu offenbaren.

Gewiß, – man muß Pfälzer Brot gegessen haben, um wenigstens das Geschmackserlebnis nachfühlen zu können. Braun und krachend muß die Kruste sein. Bißfest und durchgebacken ist der Laib. Denn das dunkle Mehl vom würzigen Roggen zieht man hier einem pappigen Teig aus weißgebleichtem Weizen mindestens beim täglichen Brot vor.

Butterbrot? Ja, wie soll man das erklären? Der Pfälzer ißt sein Kesselfläsch, seine Knepp und seine Wurst für sich. Und Brot dazu! Wurst auf's Brot? Und Butter darunter? Warum? Das sind doch drei Köstlichkeiten mit jeweils ihrer Eigenart. Warum sollte man sie bis zur geschmacklichen Unkenntlichkeit vermischen? Wir brocken ja auch kein Brot in den Wein. Butter auf's Brot, das wäre eine Beleidigung für den kräftigen Geschmack unserer Schinken und Würste, für das herrlich schweinige Schmalz darin. Butter gehört in Topf und Pfanne. Damit gehen wir großzügig um. Aber als Klebemittel mißbrauchen wir sie nicht. Und Brot essen wir um seiner selbst willen. Das gute Brot.

Suppe von feinster Bouillon.

8 Pfund Rindfleisch vom Schwanzstück, 6 Pfund Hammelfleisch vom Schlägel, 8 Pfund Kalbfleisch auch vom Schlägel, 3 alte Hühner und eine alte Gans; sämmtliches Fleisch wird zuvor am Spieß halb gar gebraten, während eine Bouillon zubereitet wird. Zu dieser Bouillon nimm 10 Pfund Rindsknochen, 6 Pfund Kalbsknochen, 8 Pfund Hammelsknochen, lege das alles in einen Kessel zusammen, und fülle dies auf mit 30 Littres Wasser, lasse es kochen und schäume es wohl ab. Wenn diese Knochen wohl ausgekocht sind, so lasse man die Bouillon durch ein reines Tuch laufen in ein anderes Geschirr; dann lege man in einen Kessel, welcher ohngefähr 40 Littres hält, das vorher am Spieß gebratene Fleisch, von den Knochen die Bouillon dazu, setze dann die ganze Masse an das Feuer, lasse sie ganz langsam kochen und schäume sie recht sauber ab; dann gieb noch **4 Selleriewurzeln, 4 Gelberüben, 4 Petersilienwurzeln, 2 Weißerüben, 2 Wirschingköpfe, 2 Häupter Weißkraut und 1 Kopf Salat, alles** sauber gewaschen und mit einem Bindfaden zusammengebunden, dann 3 Lorbeerblätter, Salz, 10 Näglein, 10 weiße Pfefferkörner und ein wenig Muskatnuß. Um den Ollia recht hell zu bringen, so lege noch 2 Pfund frischen Speck dazu, welchen man nur ½ Stunde mitkochen läßt und den man für Vieles noch gebrauchen kann. Wenn alles Uebrige gekocht ist, so nehme man sämmtliches Fleisch heraus, schöpfe das Fett, welches für Gemüse benutzt werden kann, davon ab, und lasse dieses durch ein sauberes Tuch in ein reines Gefäß laufen, setze solches wieder auf das Feuer, und lasse diese Ollia bis auf 30 Schoppen einkochen; dann siebe man sie noch durch eine Serviette, damit sie ganz rein wird.

Ein Rezept aus dem Pfalz-Kochbuch der Anna Bergner (1858). Nicht etwa für eine Gaststätte geschrieben und empfohlen, sondern ausdrücklich »den deutschen Hausfrauen und Töchtern gewidmet«

Pfälzer Zwiebelkuchen

Zutaten

Blätterteig

700 g Zwiebeln
200 g Räucherspeck
Pfeffer, Kümmel
Muskat
1/2 l süße Sahne
4 bis 5 Eier

Im Herbst, wenige Tage nach der ersten Weinlese, wird das Pfälzer Völkchen so unruhig wie der Most in den Fässern. Der »Neue« ist da, – anderorts Federweißer, Bitzler oder Suser genannt. Der wird hier in allen Gastwirtschaften feilgehalten, von Winzern kannenweise abgegeben – aber unbedingt zum warmen Zwiebelkuchen getrunken. Und da das Vergnügen am Neuen nur ein paar Wochen dauert, duftet es in manchen winkeligen Winzergassen auch wochenlang nach frischem Zwiebelkuchen. So wird er gemacht:

Man legt ein Kuchenblech mit fertigem Blätterteig aus. Gut 700 Gramm Zwiebeln zu Ringen und 200 Gramm Räucherspeck zu feinen Würfeln schneiden. Im Topf glasig dünsten. Die Masse in einem Sieb abtropfen lassen und fingerdick auf den Teig streichen. Mit Pfeffer, Kümmel und Muskat würzen. Vorsicht mit Salz! Der Speck ist salzig, falls Sie ihn nicht in kochendem Wasser blanchiert haben. Den Kuchen in den vorgeheizten Backofen geben und, kurz bevor er gar ist, 1/2 Liter süße Sahne, verquirlt mit 4 bis 5 ganzen Eiern, auf dem Kuchen verteilen. Weiterbacken bis die Eimasse gestockt ist und sich bräunlich färbt. Warm servieren! Übrigens, beim Pfälzer Zwiebelkuchen können Sie statt »guten Appetit« ruhig »Prosit« sagen ...

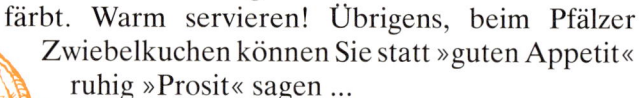

Pfälzer Krautkuchen

Es kann doch 'mal passieren, liebe Hausfrau, daß Sie am späten Vormittag einen halben Schoppen Wein trinken, weil Ihnen auf Deubel-komm-'raus nicht einfällt, was Sie Ihren Lieben zum Mittagessen auf den Tisch stellen sollen. Sollte so etwas passieren, dann empfehlen wir Ihnen erstens, noch einen halben Schoppen vom frischen und bekömmlichen Pfälzer Wein zu trinken. Und zweitens ist dann immer noch Zeit genug für einen herzhaften Pfälzer Krautkuchen.

Sie legen eine Springform mit Tiefkühl-Blätterteig aus (Rand etwas hochziehen) und bestreichen ihn mit Öl. 1 Pfund Sauerkraut aus der Dose gut auspressen, mit 200 Gramm gewürfeltem Rauchfleisch in reichlich Schmalz anschmoren und mit 1/4 Liter Sahne vermischt auf den Teig verteilen. Mit reichlich 1 Zentimeter dicken Scheiben geräucherter Mettwurst belegen und in etwa 25 Minuten bei 220 Grad ausbacken. Dazu gehört ein Wein, der gegen soviel Kraft und Würze ankommt: Ruländer oder Morio-Muskat. Am besten beide. Denn zwei Schoppen braucht man schon dazu ...

Zutaten
Blätterteig
Öl
1 Pfd. Sauerkraut
200 g Rauchfleisch
Schmalz
1/4 l Sahne
Mettwurst

Pälzer Grumbeere-Tort'

Zutaten
10 Kartoffeln
1 EL Stärkemehl
4 Eier
Salz, Muskat, Pfeffer
1 Apfel
1 Zwiebel
300 g Mettwurst

Jetzt kommt ein Kuchen, dem kein Mann widerstehen kann. Ein Küchlein, bei dem der gröbste Kerl hierzulande strahlende Kinderaugen bekommt – und weich wie Bienenwachs wird. Ein Törtchen, das zudem nach frisch-fruchtigem Wein schreit. Und diese glückliche Konstellation von Speis' und Trank sollten Sie nutzen, liebe Leserin!

Man reibt etwa 10 mittelgroße rohe Kartoffeln (nicht die der jungen Ernte!), drückt sie im Sieb gut aus und rührt 1 Eßlöffel Stärkemehl, 4 ganze Eier, etwas Salz, Muskat und Pfeffer darunter. Dann würfelt man fein je 1 geschälten und entkernten säuerlichen Apfel, 1 große Zwiebel und vor allem 300 Gramm luftgetrocknete, ungeräucherte Mettwurst oder Rauchfleisch. Das mengt man gründlich unter den Kartoffelteig und gibt ihn in eine gebutterte feuerfeste Form. Bei 220 Grad läßt man das Törtchen in 1 bis 1 1/2 Stunden im Ofen ausbacken. Die Oberfläche muß knusprig braun sein! Noch heiß wird die Torte in Stücke geschnitten und zu frischem grünen Salat serviert.

(»Elsbeth, – bring' die zweite Flasche aus dem Kühlschrank mit! Die aus der Pfalz.«)

Pälzer Lauch-Torte

Ob Sie es glauben oder nicht: Es ist schon mancher Ehefrau gelungen, mit List und Tücke den Skat-Abend ihres Mannes von der Kneipe ins eheliche Heim zu verlegen. Die List: Ein kleines, deftiges warmes Gericht zwischendurch – und als notwendige Unterlage. Die Tücke: Ein paar gut gekühlte Flaschen Wein. Eine solche Unterlage und ein solcher Wein lassen selbst das Stammlokal vergessen. Hier eines jener List-Rezepte, die Pälzer Lauch-Torte.

Zutaten
Mürbeteig-Boden
4 bis 5 Stangen
Lauch
Butter
Salz, Pfeffer, Muskat
1 Tasse süßen Rahm
2 Eier

Backen Sie einen Mürbeteig-Boden (mit der Gabel öfter einstechen und 10 Minuten vorbacken!). Das Weiße und Zartgrüne von 4 bis 5 frischen Lauchstangen in feine Ringe schneiden, waschen, abtrocknen (Küchenkrepp) und in Butter anschwitzen. Mit Salz und Pfeffer würzen und auf den Tortenboden geben. In etwa 20 Minuten ausbacken. Dann 1 Tasse süßen Rahm, in den 2 ganze Eier verquirlt wurden, darüberstreichen, mit Salz und etwas Muskat würzen und im Ofen 5 Minuten stocken lassen. Wetten, daß Sie hinterher nicht wissen, ob es am goldenen Wein der Pfalz oder an der würzigen Lauch-Torte lag, daß Sie sich so wohl fühlen ...?

Pälzer Käschtebrot

Zutaten
2 Pfd. Kastanien
1/4 Pfd. Mehl
1/4 Pfd. Butter
1/4 Pfd. Zucker
1 Ei, 1 Eigelb

Bei diesem Brot aus Eßkastanien handelt es sich eigentlich um ein Gebäck. Woanders nennt man sie Maronen. Hier sagt man ebenso kurz wie prägnant »Käschte« dazu. Zur Zeit der Reife sammeln die Kinder ganze Säcke davon und es gibt nichts Schöneres als frisch geröstete Käschte zum jungen Wein – dem Federweißen. Heute aber wird damit Pälzer Käschtebrot gebacken.

2 Pfund Kastanien kreuzweise auf der flachen Seite einschneiden und bei mittlerer Hitze auf dem Backblech 20 Minuten garen. Heiß aus der Schale brechen und auch die feine Haut entfernen. (Sie können die eingeschnittenen Kastanien auch 20 Minuten in Salzwasser kochen und dann sofort pellen.) Die geschälten Kastanien zweimal durch die feine Scheibe des Fleischwolfes drehen. Je 1/4 Pfund Mehl, weiche Butter, feinen Zucker sowie 1 ganzes Ei und 1 Eigelb extra gründlich damit zu einem feinen Teig verarbeiten.

Daraus auf gemehlter Arbeitsfläche Würstchen rollen, die so lang und dick wie Finger sind. Auf ein gebuttertes Backblech legen, mit verquirltem Ei bestreichen und bei mittlerer Hitze ausbacken.

Die schmecken – besonders wenn sie noch warm serviert werden – zu einem kühlen Schoppen Silvaner ebenso wie zum Müller-Thurgau.

Gelbrüben-Torte

Zugegeben: Der Kuchen kommt bei uns zu kurz. Mindestens angesichts der Tatsache, daß die Pfälzer wahre Kuchenschlachten bei allen heimischen Festen veranstalten, die da heißen Kerwe, Hochzeit, Kindstauf', Schlachtfest und gar nicht zu reden von der lieben Weihnachtszeit! Dennoch gibt es auch hier mehr vom Schwein und mehr vom Wein als vom Gebackenen! Deshalb heute ein Kuchen-Kompromiß: Gelbrüben-Torte.

Gelbrüben sind Möhren oder Karotten. 8 Eigelb in 350 Gramm Zucker schaumig rühren. 400 Gramm geriebene, ausgedrückte Gelbrüben sehr gut untermischen. 400 Gramm geriebene Mandeln, 65 Gramm Mondamin, 3 Eßlöffel Kirschwasser, etwas Zimt und 1 Prise Salz dazugeben. Zuletzt den Schaum der 8 Eier unterziehen und nun erst 2 Eßlöffel Zitronensaft und etwas abgeriebene Schale dazugeben. In einer gebutterten Tortenform in gut 60 Minuten ausbacken. Mit Puderzucker bestäuben und – bis er ausgekühlt ist – in dankbarer Vorfreude mit irgendeinem lieben Menschen ein paar Schoppen vom Pfälzer Wein schlürfen.

Zutaten
8 Eigelb
350 g Zucker
400 g Gelbrüben
400 g Mandeln
65 g Mondamin
3 EL Kirschwasser
Zimt, 1 Prise Salz
8 Eiweiß
2 EL Zitronensaft
Zitronenschale
Puderzucker

Pälzer Prasselkuchen

Zutaten

Teig
500 g Mehl
2 Eier
150 g Zucker
250 g Butter
1 Päckchen Vanillezucker
Aprikosenkonfitüre
etwas Salz

Streusel
200 g Butter
200 g Mehl
150 g Zucker
100 g Mandeln
1/2 TL Zimt

Wenn man sein Herz an die Pfalz verloren hat, dann lernt man im Laufe der Zeit so manchen herzlich-groben Winzer – aber auch manch hübsches Töchterlein kennen. Und wenn man Glück hat, dann wird man von diesem zu einem Stückchen von diesem Kuchen eingeladen.

Aus 500 Gramm Mehl, 2 Eier, 150 Gramm Zucker, 250 Gramm Butter (in Flöckchen), 1 Päckchen Vanillezucker und etwas Salz schnell einen glatten Teig kneten und zugedeckt im Kühlschrank 1/2 Stunde ruhen lassen. Dann den Teig auf einem gebutterten Backblech 1/2 Zentimeter dick ausrollen, mehrmals einstechen und mit glattgerührter Aprikosenkonfitüre bestreichen.

Aus 200 Gramm zerlassener und abgekühlter Butter, 200 Gramm Mehl, 150 Gramm Zucker, 100 Gramm gehackter Mandeln und 1/2 Teelöffel Zimt Streusel bereiten und gleichmäßig auf dem Kuchen verteilen. Im vorgeheizten Backofen bei 220 Grad auf mittlerer Schiene in etwa 20 Minuten ausbacken. Bitte sofort in quadratische Stücke schneiden und erkalten lassen. Wissen Sie, das ist so eine Art Kuchen, der beim Probieren so ganz aus Versehen Stück für Stück verschwindet.

Trinken Sie keinen Wein dazu. Ein Täßchen Kaffee paßt besser. Und, wenn Sie so drei bis fünf Stücke geknabbert haben, dann stellt sich der Dorscht auf einen erfrischenden Schoppen ganz von alleine ein.

Der Holzfaßkeller des Klosters Heilsbruck in Edenkoben ist über 700 Jahre alt. In den ehrwürdigen Gemäuern reifen noch heute vollmundige, charaktervolle Weine heran, wie sie für die Rheinpfalz so typisch sind

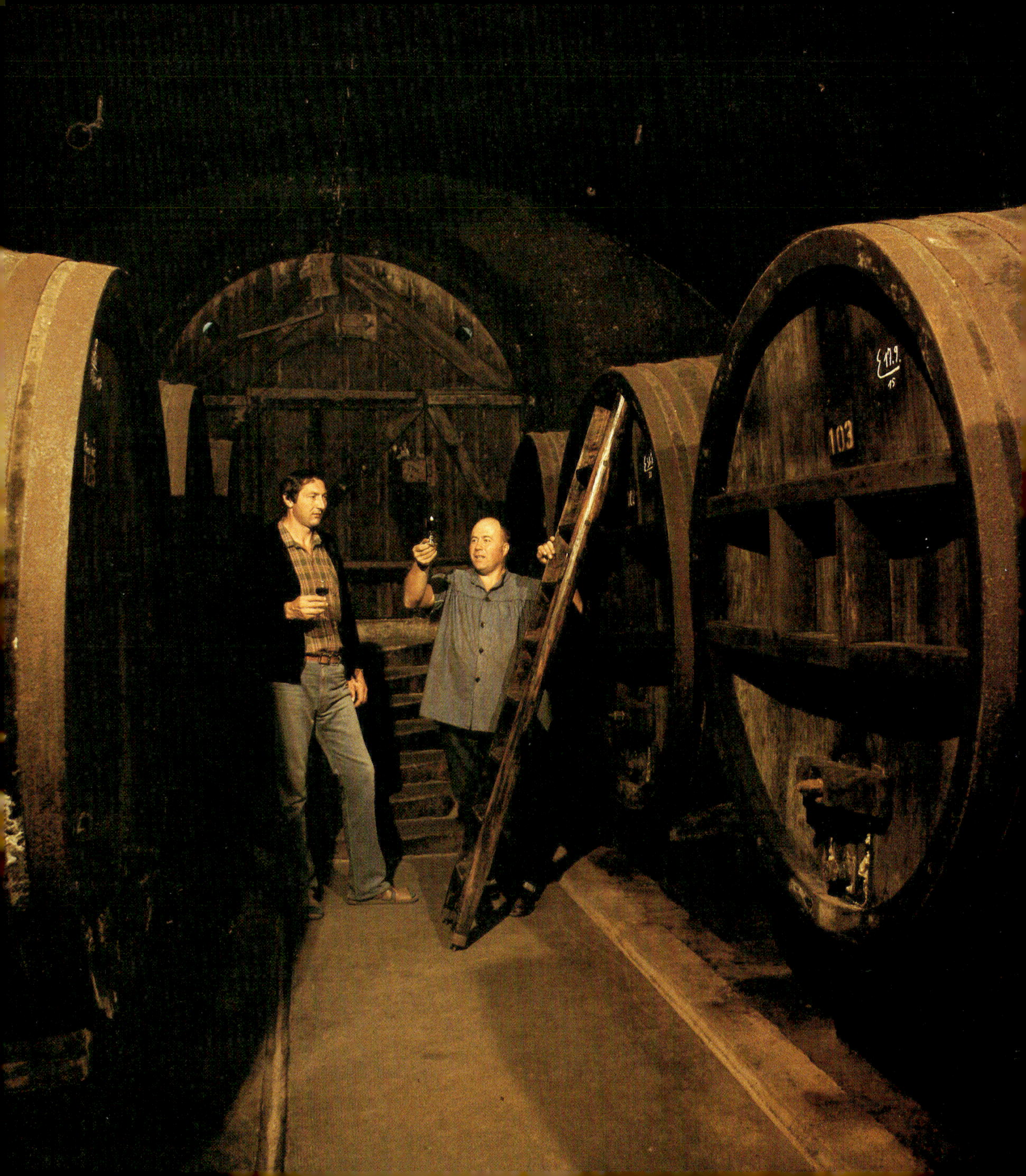
103

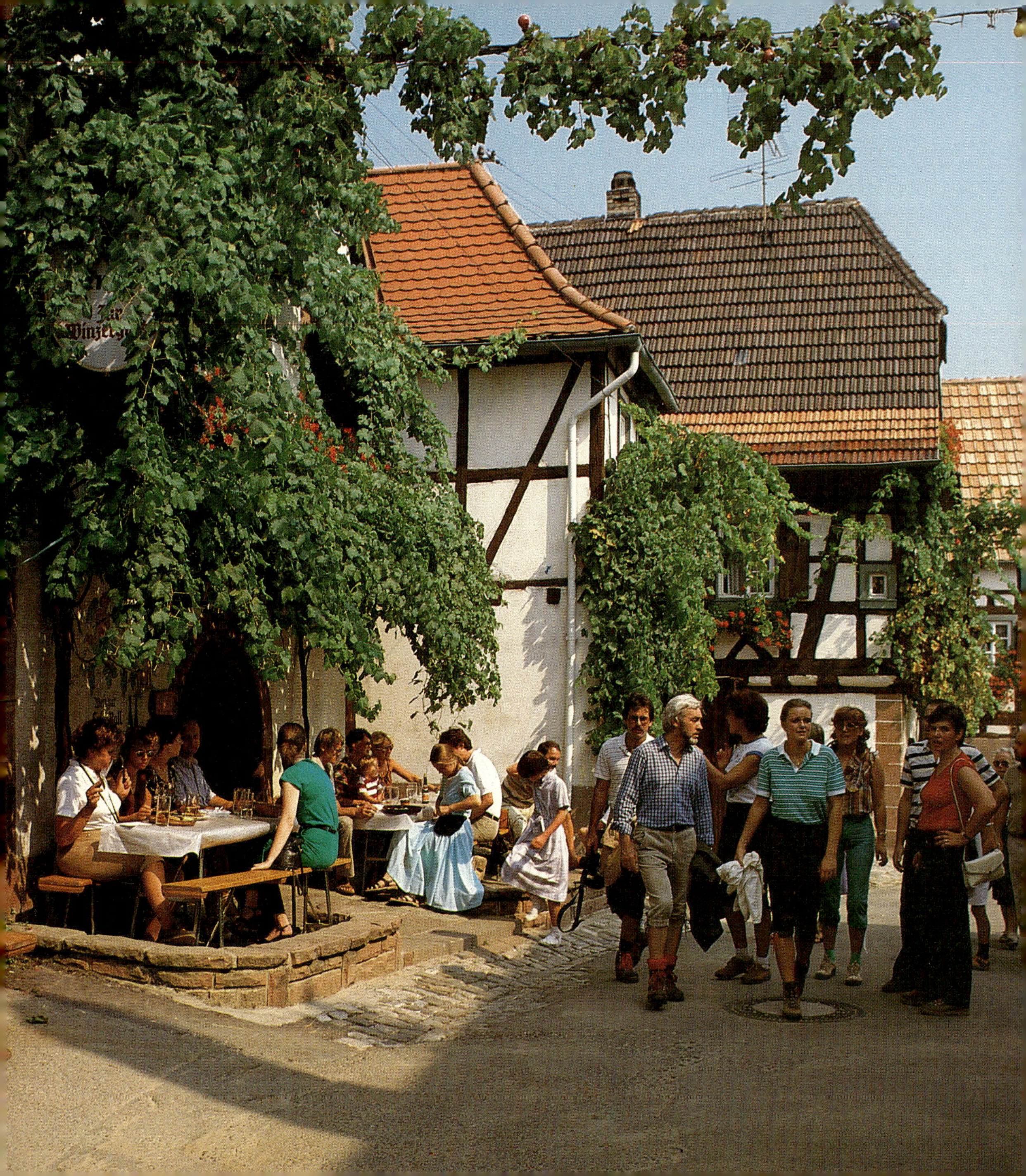

Pfälzer Rotwein-Kuchen

Wanderer, kommst Du in die Rheinpfalz, so wundere Dich nicht, wenn man Dir nach üppigem Mahl von vier satten Gängen völlig nahtlos Kaffee und Kuchen serviert! (Das ist bei uns so Sitte, sagt das Pfälzer Mädel, – so herzhaft frisch und vollmundig anzusehen wie die goldenen Weine der Südlichen Weinstrasse schmecken.) Und daß dieser Kuchen etwas mit Wein zu tun hat, ist ja wohl die selbstverständlichste Sache der Welt:

Je 250 Gramm Mehl, Zucker, Butter sowie 4 frische Eier werden zusammen mit 1/4 Schoppen (= 1/8 Liter) Rotwein gründlich verrührt. (Ein samtig-feuriger Spätburgunder oder Portugieser von der Südlichen Weinstrasse wären natürlich ideal!) Dann gibt man 1 gestrichenen Teelöffel Zimt, 1 Teelöffel Kakao, 3 Eßlöffel Schoko-Streusel, 1/2 Päckchen Backpulver und 1 Päckchen Vanillezucker dazu. In der gebutterten und mit Grieß ausgestreuten Form in 70 Minuten backen.

Ein duftiges, lockeres und höchst originelles Kuchen-Erlebnis erwartet Sie. Und: In der Rheinpfalz trinkt man dazu gern ein paar Gläschen jenes Weines, der ihm seine schöne Seele eingehaucht hat. (Merke: schon Rotkäppchen brachte Kuchen und Wein!)

Zutaten
250 g Mehl
250 g Zucker
250 g Butter
4 Eier
1/8 l Rotwein
1 TL Zimt
1 TL Kakao
3 EL Schokoladenstreusel
1/2 Päckchen Backpulver
1 Päckchen Vanillezucker

Winklige, Gassen, rebenumkränzte Erker, verträumte Innenhöfe kennzeichnen die romantischen Weindörfer der Pfalz. Ein unentdecktes Stückchen Paradies

Pfälzer Brockelkuchen

Zutaten
1/2 Pfd. Butter
1/2 Pfd. Zucker
6 Eier
1/2 Pfd. zartbittere Blockschokolade
1/2 Pfd. Walnüsse
6 EL Weinbrand
1/2 Pfd. Mehl
1 Päckchen Backpulver

Nahtlos, wie es Pfälzer Brauch ist, serviert man auf den würzigen Saumagen mit Kraut sofort den Kaffee. Dazu wird Kuchen aufgefahren, als hätten Sie drei Tage lange gehungert. Stets dabei ist ein Kuchen, zu dem der rot-schimmernde Portugieser der Südlichen Weinstrasse besser schmeckt, als der betörendste Kaffee Arabiens.

Der polternd grobe Name täuscht. Das Rezept dieses unvergleichlich schmackhaften und nahrhaften Kuchens stammt von einer hübschen Winzertochter aus Edenkoben. Sie hieß Veronika und schrieb es im Jahre 1893 mit gestochen schöner Handschrift säuberlich auf. Es ist noch heute vorhanden:

Je 1/2 Pfund Butter und Zucker zusammen mit 6 ganzen Eiern schaumig rühren. Dann 1/2 Pfund zartbittere Blockschokolade (keine Kuvertüre) und 1/2 Pfund geschälte Walnüsse sehr grob hacken und mit 6 Eßlöffel gutem Weinbrand untermengen. Zuletzt 1/2 Pfund gesiebtes Mehl und 1 Päckchen Backpulver zugeben und den Teig gründlich verarbeiten. In eine große Kasten- oder Springform füllen und vorher nur den Boden buttern – nie die Seitenwände. In gut einer Stunde mit mittlerer Hitze ausbacken. Auskühlen lassen und servieren. Anschließend oder auch gleichzeitig den mundig-milden Portugieser einschenken und auf Urgroßmutter Veronika anstoßen.

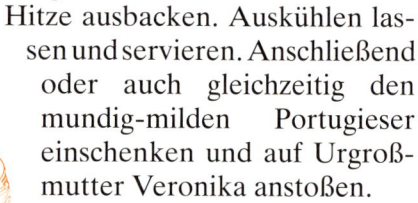

Pälzer Käschte-Torte

Die braunen Früchte der Kastanienhaine (Käschte) an den Hängen des Pfälzerwaldes sind nicht nur frisch geröstet köstliche Begleiter des jungen Weins. Wir machen auch diese traumhafte Schlemmerei daraus, bei der selbst härteste Männer schwach werden.

Aus 1/2 Pfund Mehl, 120 Gramm Butter, 70 Gramm Zucker, 1 Ei und 1 Prise Salz einen festen Teig bereiten. 2 Pfund Käschte 25 Minuten in Salzwasser gar kochen, pellen und im Fleischwolf pürieren. 200 Gramm schaumig geschlagene Butter mit 150 Gramm Zucker, 3 Päckchen Vanillezucker und 3 Eigelb verrühren und Kastanienmus unterrühren. Den Teig in eine Springform füllen, den Rand hochziehen, die Füllung darauf verteilen und den Rand mit Eigelb bestreichen. Bei etwa 170 Grad eine Stunde ausbacken.

Ein Schoppen vom hellroten, duftigen Portugieser oder Spätburgunder dazu und nette Leute um sich herum, – Herz, was begehrst du mehr.

Zutaten

Teig
1/2 Pfd. Mehl
120 g Butter
70 g Zucker
1 Ei
1 Prise Salz

Füllung
2 Pfd. Käschte
200 g Butter
150 g Zucker
3 Päckchen Vanillezucker
3 Eigelb

Trauben-Kuchen

Zutaten
Hefeteig
1/4 l süßen Rahm
3 Eigelb
3 TL Zucker

Na, hören Sie mal! Wenn unsere Trauben reifen, dann denken wir doch nicht ausschließlich ans fröhliche Zechen! Da gibt es doch für unsere lieben Frauen noch den herrlichen, seit alters her von jung und alt geschätzten Trauben-Kuchen.

Aber darauf können Sie sich verlassen: Unsere Frauen trinken natürlich Kaffee und essen Kuchen – wie überall. Aber dann steht der Wein schon kühl! Mit einem mürben Hefeteig kleidet man eine Tortenform möglichst dünn aus. Dann streut man Zucker darüber und bäckt den Kuchen sofort. Wenn er fast gar ist, gießt man 1/4 Liter süßen Rahm, der mit 3 Eigelb und 3 Teelöffel Zucker verquirlt wurde, darüber. Im heißen Ofen noch stocken lassen. Er wird ebenso gerne warm wie kalt gegessen. Nach dem Kaffee bevorzugen die Damen gewöhnlich einen zarten und frischen Weißherbst vom Spätburgunder. Spätlese, wenn's geht.

Pälzer Flammkuche

Selbst im freundschaftlich verbundenen und in so mancher Hinsicht artverwandten Nachbarland, dem schönen Elsaß, gibt es nicht so viele »flache Kuchen«, die nur zu dem Zweck erfunden wurden, den Genuß unserer Weine zu begleiten. (Ansonsten sei zugegeben, daß die Elsässer Konditorei-Kunst einen hohen Rang einnimmt.)

Einer der ältesten und leckersten Wein-Begleiter dieser Art – der jeden rechten Pfälzer nostalgisch stimmt – ist unser Pälzer Flammkuche.

Die alten Pfälzer machen ihn aus 500 Gramm Brotteig! Sie können aber auch Hefeteig nehmen. Darauf gibt man 1/2 Pfund Sahnequark, 3 ganze Eier, 200 Gramm feingeschnittene, blanchierte Zwiebeln, 100 Gramm blanchierte Speckwürfel – alles mit 1/4 Liter süßem Rahm gut verquirlt und mit Salz, Pfeffer und Muskat herzhaft gewürzt. Im vorgewärmten Ofen bei 200 Grad etwa 25 bis 30 Minuten ausbacken. (Wenn Sie einen Grill haben, dann lassen Sie die Oberfläche goldbraun anrösten!)

Merke: Der Wein wartet auf den Kuchen! Nicht umgekehrt. Denn ofenwarm schmeckt er am besten. Aber vergessen Sie auch nicht, daß der Flammkuchen erfunden wurde, um die Freude an unserem Wein zu erhöhen. Nicht umgekehrt!

Zutaten
500 g Brotteig
1/2 Pfd. Sahnequark
3 Eier
200 g Zwiebeln
100 g Speck
1/4 l süßen Rahm
Salz, Pfeffer, Muskat

Von Wild und Wald

Fragen Sie einen Bundesbürger einmal nach Wäldern in Deutschland. Da hören Sie: Westerwald (so gut zu singen), Schwarzwald (Kirschwasser-Erinnerungen), Teutoburger Wald (die Sache mit Hermann), Soonwald (die Sache mit Schinderhannes) oder gar Radevormwald.

Daß der Pfälzerwald der größte Wald »an einem Stück« ist, das ursprünglichste, naturbelassenste Stückchen Erde, unserer Heimat, das wissen die wenigsten. Und darüber freuen sich außer den Menschen, die hier Natur und ungetrübte Ruhe erleben wollen, noch verschiedene Geschöpfe Gottes.

Einmal das Wild. Hirsch, Reh, Wildschwein, Mufflon, Fuchs, Hase, ja sogar die Wildkatze und der Waschbär fühlen sich hier »sauwohl«. Ungestörter sind sie nirgendwo. Dabei gibt es tatsächlich über 500 Kilometer ordentliche Wanderwege im Pfälzerwald. In allen Schwierigkeits- und Bequemlichkeitsgraden. Und sie bieten so viel Ruhe, Beschaulichkeit, herrliche Fernsicht und unendlich viele winzig kleine Begegnungen mit der Natur, daß man sich wünscht, es möge so bleiben.

Verständlich, daß Förster und Jäger für Ordnung und Gleichgewicht in der Natur sorgen. Sonst gäbe es auf den Küchenzetteln der heimischen Gaststätten ja nicht so häufig – und aus Erfahrung so fachkundig zubereitet – köstliche Wildgerichte. Ein kurzgebratenes Filet vom jungen Wildschwein oder vom Reh, bereitet in einer Soße aus natürlichem, konzentrierten Fond, aromatisiert mit kleinen, festen Pfifferlingen und begleitet mit Kompott aus reifen Wald-Preiselbeeren. Das gehört trotz aller phantasievollen Kreationen moderner Köche zu den ewig gültigen Maßstäben kulinarischer Genüsse.

Pfifferling? Ja, – da sind wir bei der nächsten Kategorie von Naturereignissen des Pfälzerwaldes. Es gibt kein Land und keinen Wald mit größerem Reichtum an Pilzen und Beeren in Menge und Vielfalt. Hin und wieder werden sogar Pilz-Seminare durchgeführt. Da lernt man, da sucht man, da kocht man und begießt alles mit den frisch-fruchtigen, gebietstypischen Weinen der Pfalz. Erholsame und erquickliche Wochenende für Leute, die Natur, Wein, gutes Essen und Geselligkeit gleichermaßen lieben.

> Köstlicher Wein befeuert das Herz und saftiges Wildbret den Magen.
> Vergil

Beeren- und Pilzsammler haben eines gemeinsam. Sie verraten ihre Stammplätze nicht. Jedoch im Pfälzerwald gibt's da keinen Neid. Man findet Pilze überall und Beeren allemal. Dabei gibt es teuflisch steile Hänge, die zum Beispiel nichts für mich wären. Da suchen die wenigsten und deshalb wird man dort am ehesten fündig. Aber auch der gemütlich Wandernde findet, wenn er die Augen offen hält, stets genug für eine reiche und delikate Mahlzeit. Von Blumen und Kräutern zu schweigen, aus denen man jeweils Frühlings-, Herbst- oder künstlerische Trokkensträuße binden kann.

Bitte, lieber Leser, tragen Sie dazu bei, das Paradies des Pfälzerwaldes zu erhalten. Bleiben Sie weg!

Pfälzer Mandel-Platt'

Zutaten

Teig
1/4 l süßen Rahm
1/2 Pfd. Zucker
1 Pfd. Mehl
1 Päckchen Vanillezucker
1 Päckchen Backpulver
4 Eier
1 Prise Salz

Füllung
1/2 Pfd. Butter
1/2 Pfd. Zucker
1 Päckchen Vanillezucker
4 EL Rahm
1/2 Pfd. Mandeln

Hier ist einer der besten und schnellsten Platten-Kuchen, der ob seiner einmaligen Güte nicht nur Kaffeekränzchen-Schwestern Tränen des Neides entlockt.

Bereiten Sie aus 1/4 Liter süßem Rahm, 1/2 Pfund Zucker und 1 Pfund Mehl, je 1 Päckchen Vanillezucker und Backpulver, 4 ganzen Eiern und 1 Prise Salz einen glatten Rührteig. Geben Sie diesen auf ein gebuttertes, gemehltes Backblech und backen ihn bei 200 Grad etwa 15 Minuten vor. Rühren Sie aus 1/2 Pfund weicher Butter, 1/2 Pfund Zucker, 1 Päckchen Vanillezucker, 4 Eßlöffel Rahm und 1/2 Pfund gestifteter, geschälter Mandeln einen Guß und streichen ihn über den Kuchen. Dann nochmals gut 10 bis 15 Minuten ausbacken, bis die Mandeln einen gold-braunen Ton annehmen. Auskühlen lassen. Würziger Wein schmeckt dazu. Und, meine Damen, lassen Sie Ihre Männer daheim. Sonst ist es um den Kuchen geschehen. Und um den Wein.

Rahm-Kuchen

Bei uns gibt es gewisses Backwerk, von dem manche Leute sagen, daß man unbedingt einen Wein dazu trinken muß. Andere hingegen behaupten von demselben Wein, daß man unbedingt ein gewisses Backwerk dazu essen müsse. Selbstverständlich haben beide recht. Denn letzten Endes kommt es darauf an, einen plausiblen Grund zu haben. Zum Essen wie zum Trinken. Ganz typisch für diese Art »Absolutions-Kuchen« ist einer, der ebenso köstlich wie schnell zu backen ist. Ein ganz altes Rezept übrigens. Früher war er wahrscheinlich besser, weil unsere Großmütter noch dickeren, fetteren und frischeren Rahm bekamen. Aber heute geht's auch so:

Bereiten Sie einen Hefeteig wie üblich, rollen Sie ihn dünn aus und geben Sie ihn in eine Springform. Bitte an den Seiten etwas hochziehen, – eventuell mit Teigresten andrücken. Dann verquirlen Sie einen 1/2 Liter süßen Rahm mit 4 Eiern und 1 Eßlöffel Speisestärke, würzen mit Zucker und Salz, seihen alles durch ein kleines Sieb und verteilen die Masse auf den Hefeteig. Geben Sie das Blech in den auf 220 Grad vorgeheizten Ofen und lassen Sie ihm gute 30 Minuten Zeit zum Ausbacken. Er sollte an der Oberfläche eine leichte Bräunung zeigen – das macht ihn schmackhafter.

So, – und nun mögen Sie selbst beurteilen, ob der Pfälzer Rahm-Kuchen eine treffliche Unterlage für übrigens lieblichere Weine – auch Spätlesen – sein kann.

Zutaten
Hefeteig
1/2 l süßen Rahm
4 Eier
1 EL Speisestärke
Zucker, Salz

Fer de Dorscht – häß un kalt

Pälzer Wingert-Trunk

Zutaten
3 Flaschen Portugieser
2 Flaschen Silvaner
1/2 l Rum
6 bis 8 Orangen
4 bis 5 Zitronen
1 Pfd. Zucker
1 l Wasser
10 Glühfix-Beutel
6 Teebeutel
evtl. Vanillezucker

Selbst, wenn Sie mich für arrogant halten: In der Pfalz weiß man gar nicht, was ein sogenanntes Heißgetränk ist. Wir kennen Kaffee und vor allem kräftige Fläsch-Brieh. Aber kein Heißgetränk wie Punsch, Glühwein, Grog, Irish Coffee und wie das Zeug alles heißt.

Aber: Wenn es im späten Herbst am Morgen klirrkalt ist, und unsere Winzer mit dem Traktor eine Schar vermummter Gestalten zur späten Lese edelreifer Trauben in den Wingert fahren, dann haben wir doch so ein Tränklein parat.

Der Pälzer Wingert-Trunk ist ein ganz großer Topf mit einem Gebräu, dem unser Portugieser den Charakter gibt. Hier das Rezept in Miniaturausgabe. 3 Flaschen Portugieser, 2 Flaschen Silvaner, 1/2 Liter Rum. Das alles mit dem Saft von 6 bis 8 Orangen und 4 bis 5 Zitronen mischen. 1 Pfund weißen Zucker zugeben. Dann in 1 Liter kochendes Wasser 10 Glühwein-Beutel (Glühfix, weil es praktischer ist) und 6 Teebeutel hängen und ausziehen lassen. Gut ausdrücken und zum Wein geben. Zum Nachsüßen eventuell auch Vanillezucker verwenden. Rum nach Geschmack nachgießen. So ein Trunk weckt die Lebensgeister nicht nur im Wingert. Und schmeckt gekühlt noch besser.

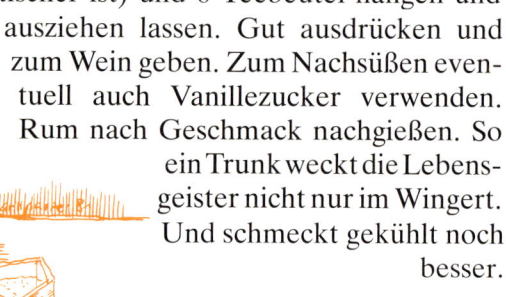

Federweißen

Ein Fremder wird das nicht verstehen: Wenige Tage nach der ersten Weinlese an der Südlichen Weinstrasse riecht es in den verwinkelten Gassen unserer romantischen Wein-Dörfer nicht etwa vornehmlich nach jungem Most! Sondern nach Zwiebeln! Denn wenn der junge Most im Faß stürmt und perlt, dann hält es den Pfälzer nicht daheim. Denn dann gibt es in jedem Gasthaus den lang erwarteten würzig-fruchtigen Federweißen!

Doch der braucht eine kräftige Unterlage. Am bekanntesten ist wohl der Zwiwwelkuche mit möglichst dünnem Hefeteig. Auch ein Mürbeteig-Boden, den man dick mit einer Mischung aus Rahm, verquirltem Eigelb, blanchierten Speckwürfeln und glasierten Zwiebelstückchen bestreicht und im Ofen stocken läßt, ist ein köstlicher Begleiter. Geröstete Käschte (Eßkastanien) sind geradezu historisches »Knabberwerk« zum bitzelnden Federweißen.

Heute ist das Vergnügen am jungen, gärenden Wein nicht mehr auf die Weinbaugebiete beschränkt. Findige Händler und Wirte sorgen dafür, daß er in allen Landesteilen Herz und Gaumen erfreuen kann. Doch wie gesagt: Er verlangt eine kräftige Unterlage. Sonst geht er dem Ungeübten leicht »in die Knie« ...

Zutaten
für Zwiebelkuchen
Hefeteig
Rahm
Eigelb
Speckwürfel
Zwiebelstückchen

»Maadener Aberidif«

Das heißt auf Deutsch-Französisch: St. Martiner Aperitif. Und ohne jeden Scherz: Tatsächlich gibt es diesen fruchtig-weinigen Appetit-Anreger, der später als Kir in Mode kam, hierzulande schon seit nachweislich zwei Jahrhunderten. Im malerischen St. Martin, eine der schönsten Perlen in der Kette romantischer Weindörfer am Hang des Pfälzerwaldes, soll Hochwürden erstmals einen winzigen Schuß Johannisbeerlikör – selbstgemacht aus Beeren des Pfarrgärtleins – in den trockenen Riesling gekippt haben.

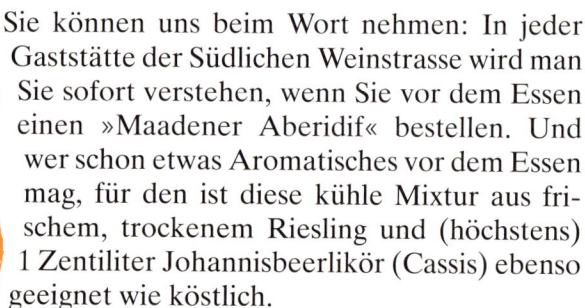

Sie können uns beim Wort nehmen: In jeder Gaststätte der Südlichen Weinstrasse wird man Sie sofort verstehen, wenn Sie vor dem Essen einen »Maadener Aberidif« bestellen. Und wer schon etwas Aromatisches vor dem Essen mag, für den ist diese kühle Mixtur aus frischem, trockenem Riesling und (höchstens) 1 Zentiliter Johannisbeerlikör (Cassis) ebenso geeignet wie köstlich.

Der trockene Wein sollte nur eine leichte frisch-fruchtige Tönung erhalten, nicht jedoch mit Likör »aufgezuckert« werden. Denn als Aperitif, also als Appetitanreger, der Herz und Zunge auf nahe Gaumenfreuden vorbereiten soll, ist ein Süßgetränk wohl das ungeeigneteste. Ein Riesling aus der Pfalz mit seiner Frucht und seiner verhaltenen Säure ist jedoch ideal – und erfährt durch den pikanten Johannisbeerton einen eigenwillig-raffinierten Charakter. Ungern sei's gesagt: Nicht mehr als ein einziges Glas!

Über Aperitif-Barbareien

Sie haben es auch schon erlebt: Da gibt es Leute, die vor einem mit Liebe und Fachkunde bereiteten Menü – geschmacklich abgestuft und abgestimmt – hemmungslos als Aperitif Campari, Pernod, Martini-Cocktail oder gar Schnaps trinken.

Nichts gegen dererlei Getränke. Jedes ist auf seine Art und zu seiner Zeit köstlich. Wenn jedoch die Leute wüßten, wie sensibel die Geschmacksnerven von Zunge und Gaumen sind und wie lange diese Sensoren mit totaler Geschmacksblockade auf so starke Reize reagieren würden, dann könnte man sie bekehren. Nach einem hochprozentigen Kräuter-Bitter zum Beispiel werden Sie einen unmittelbar darauf genossenen Happen Brathering von Schwarzwälder Kirschtorte kaum unterscheiden können. Die Übertreibung soll verdeutlichen, was tatsächlich in der Kommunikation zwischen Zunge und Gehirn stattfindet.

Spaß beiseite: Der kulinarisch, kulturell und sensorisch ideale Aperitif ist und bleibt ein einziges Glas sehr, sehr trockenen Riesling-Sektes oder Champagner. Und wer solche Edelgewächse nicht zur Hand hat, und weil solche Kreszenzen auch nicht gerade mit Klimpergeld bezahlbar sind, dann ist der zweitbeste Aperitif noch stets ein einziges Glas sehr trockenen Riesling-Weins. Kann sogar eine Spätlese sein. Der belebt die Geschmacksnerven, weckt die Sinne und läßt den Appetit auf Gaumenfreuden jäh erblühen. Und an der Südlichen Weinstrasse tun Sie sich damit leicht: In keinem Weinbau-Bereich deutscher Lande finden Sie mehr reife und trockene Weine als bei uns in der Pfalz!

Karpfen nach Oma Veronika

> Das Fehlen des Weines in der menschlichen Gesellschaft ist ein so großes Elend, daß dieserhalb Jesus Christus das erste Wunder wirkte.
>
> Blaise Pascal

Das Rezept stammt von Oma Veronika aus Edenkoben, die es einer lebensfrohen Pfarrersköchin abgelauscht hat, die ihrerseits dafür einen polnischen Husarenkorporal mit handfesten Naturalien belohnt haben soll. Sei's drum. Jedenfalls erfreut sich der Karpfen nach Oma Veronika in unserer Familie höchster Wertschätzung – und zum Heiligen Abend wollte ich mich erstmals daran versuchen.

Zur Soße gehört glutvoller Roter Portugieser, wie er hier in der Pfalz gedeiht. Und würzige Pfefferkuchen wie aus dem Erzgebirge, die man dort mit viel Koriander bäckt – und mit Ingwerwurz. Der Karpfen aber solle aus einem schlesischen See stammen, weil deren Fleisch so fest und weiß ist und nach Nußkern schmeckt. Sagte Oma Veronika.

Vier Tage vor dem Fest erstand ich einen lebenden Sechspfünder. Zwar nicht aus Schlesien, jedoch aus dem Weiher eines Jagdfreundes im Pfälzerwald. Ein paar Tage wässern solle ich ihn, damit er nicht nach Moos schmecke! Nun gut. Am Abend schwamm also zur Freude meines Sohnes ein Fisch in der heimischen Badewanne. Zugegeben, es ist ein seltsames Gefühl, einen riesigen Fisch im Bad zu wissen, der in einer Mischung von Staunen und Traurigkeit zu einem aufschaut. Doch wir gewöhnten uns aneinander. Nach zwei Tagen fraß er Kuchenkrümel und Käsestückchen aus der Hand und freute sich, wenn einer von uns das Bad betrat. Mein Sohn nannte ihn Karl und verbrachte inzwischen halbe Tage bei dem Fisch und unterhielt sich mit ihm.

Nach einem weiteren Tag ertappte ich mich bei dem Gedanken, vielleicht doch Rehrücken auf baltische Art vorzuziehen. Und meine Frau sprach nur noch von belanglosen Dingen, nie mehr aber von jenem Karpfengericht, dessen Schilderung ihr noch vor einer Woche die Augen erglänzen ließ.

Am Tag vor dem Heiligen Abend war das Thema nicht länger zu umgehen. Meine Frau sagte: »Tu Du es«, und sah mich dabei nicht an. Im Bad nebenan sprach Karl mit meinem Sohn. Oder umgekehrt. Mein Einwand, daß ich als Koch für die Geschmackskomposition zuständig und die Vorarbeit Sache der Hausfrau sei, wurde mit weiblicher Logik abgetan. »Wozu hat man einen Jäger im Haus«, sagte sie. Als ob wir auf Fische schießen!

Die Stunde kam, an der es sein mußte, falls wir den Heiligen Abend nicht verschieben wollten. »Du mußt es jetzt tun«, stöhnte meine Frau. Sie sagte nicht »töten«, nicht »schlachten«, sie sagte »es tun«! Seit Stunden reparierte ich die überflüssigsten Dinge und hatte das Lametta gebügelt. Da sagte sie, daß sie noch eine Besorgung zu machen habe und ich solle den Fisch nach dem Ausnehmen doch in die Küche legen. Den Fisch! Sie ging tatsächlich fort und ließ mich allein. Ich hatte gerade die Gewinde der Glühlampen geölt, zupfte hier und da am fertiggeputzten Weihnachtsbaum herum und trank hastig den zweiten Schoppen. Karl hatte ich seit dem Morgen nicht mehr angesehen. Aber er mich! Während des Rasierens fühlte ich seinen erstaunt-traurigen, etwas feuchten Blick im Rücken. Und dann kam der seelische Tiefschlag! Mein Sohn stürmte herein und fragte: »Papi, kochst Du für Karl heute auch 'was Besonderes?«

Als meine Frau zurück kam, sah sie uns nur an, gab uns einen Kuß und machte zwei Dosen Ravioli auf.

Später, als die Kerzen brannten und vom Dorf die Weihnachtsglocken herüberklangen, waren wir sehr glücklich und tranken glutvollen Pfälzer Portugieser. Nebenan fütterte mein Sohn unseren Freund Karl. Mit Pfefferkuchen, wie aus dem Erzgebirge, die man dort mit viel Koriander bäckt – und mit Ingwerwurz ...

VON PFÄLZER WEINEN

	BEREICH SÜDLICHE WEINSTRASSE RHEINPFALZ (emblem)	**Herkunfts-garantie**
Weinbaugebiet	**RHEINPFALZ**	
	1982 er	**Jahrgang**
Einzel- oder Großlage	**Pfälzer Spitzenhang**	
	Silvaner · trocken	**Rebsorte und Geschmacks-richtung**
Güteklasse	**SPÄTLESE** Qualitätswein mit Prädikat	
Prüfungs-nummer	Amtliche Prüfungsnummer 123456783	
	Weingut C. Wingert · Rebdorf	**Erzeuger oder Abfüller**

Was das Wein-Etikett erzählt

Das Deutsche Weingesetz hat so manche Unsicherheiten bei der Beurteilung von Wein beseitigt, und es damit insbesondere dem »Lernenden« leichter gemacht. Einige Grundsätze jedoch muß man sich merken, wenn man wissen will, »wes »Weingeistes Kind« sich hinter dem Etikett verbirgt. Hier sind die einfachen Regeln:

1. Herkunftszeichen

Wenn das Herkunftszeichen der Südlichen Weinstrasse oder der Mittelhaardt – Deutsche Weinstraße auf der Flasche ist, dann können Sie sicher sein, einen Qualitätswein aus dem größten Weinbau-Gebiet unseres Landes vor sich zu haben. Diesem Wein können Sie vertrauen!

2. Der Jahrgang

Der Jahrgang besagt, ob der Wein alt oder jung ist und aus welchem Weinjahr er stammt. Und damit sagt er, mindestens dem Weinfreund und Fachmann, ob es ein frischer, spritziger, schwerer, wuchtiger, rassiger Wein ist – oder welche Eigenschaften ihn sonst auszeichnen.

3. Die Lage

Hier steht zu lesen, auf welcher (gesetzlich eingetragenen) Weinbergslage dieser Tropfen gewachsen ist. Das ist bei uns – gegenüber südlichen Ländern zum Beispiel – besonders wichtig, weil unsere Weine von Lage zu Lage und von Reb- zu Rebsorte einen eigenen, typischen Geschmack und Charakter besitzen können. Statt der Einzel-Lage kann an dieser Stelle auch eine sogenannte Groß-Lage angegeben werden.

4. Die Rebsorte

Dies ist die vielleicht wichtigste Aussage des Etiketts. Denn sie erzählt am meisten von Art, Charakter und Geschmack des Weines. Ein reiches Feld für Wein-Entdecker.

5. Das Anbaugebiet

Es gibt elf deutsche Weinbaugebiete. Die Rheinpfalz – also unser Weinland – wurde schon zur Zeit Karls des Großen »der Weinkeller des Heiligen Römischen Reiches Deutscher Nation« genannt. Die Südliche Weinstrasse ist ein Teil der Rheinpfalz und Deutschlands größter Weinbau-Bereich: Hier wachsen ganz besonders frisch-fruchtige, reife und vollmundige Weine. Das Anbaugebiet muß, der Weinbau-Bereich kann auf dem Etikett angegeben werden.

Bei unseren Weinen muß also das Wort »Rheinpfalz« auf dem Vorderetikett stehen.

6. Die Güteklasse
Das Weingesetz gliedert die Qualitäten in die Begriffe Tafelwein, Qualitätswein und Qualitätsweine mit Prädikat. Mehr darüber lesen Sie auf den folgenden Seiten.

7. Die Prüfungsnummer
Ein Qualitätswein bedarf der Prüfung. Diese schließt ein: Kontrolle des Leseguts im Weinberg und im Keller; Analyse im Labor nach Alkohol, Säure, Extrakt, Restsüße usw.; Sinnenprüfung: Verdeckte Geschmacksprobe durch amtlich bestellte, neutrale Fachleute. Hier wird nach einem bewährten Punktesystem beurteilt. Ein Qualitätswein erhält nur dann seine amtliche Prüfungsnummer, wenn er – je nach Qualitätsklasse – eine vorgeschriebene Mindest-Punktzahl erreicht.

Die Qualitäts-Klassen Pfälzer Weine

Wir nennen Ihnen hier den Mindestgehalt der Trauben an natürlichem Frucht- und Traubenzucker in Öchsle-Graden und in Klammern den umgerechneten Mindest-Alkoholgehalt der Weine in Prozent.

Pfälzer Landwein

Das sind die leichten, frischen Zechweine, die nur aus Pfälzer Trauben bereitet werden dürfen und frisch und jung getrunken werden sollen. Eine amtliche Prüfungsnummer brauchen sie nicht, wenn sie allerdings ein Herkunftszeichen tragen, sind sie vorher geprüft und garantieren eine Mindestqualität.
50 Grad Öchsle.

Qualitätswein (QbA)

Dieser wertvollere Wein darf nur aus der Pfalz stammen, die zulässige Verschnittgrenze von 15 Prozent nicht überschreiten und er muß eine strenge Prüfung bestehen. Nur dann erhält er die amtliche Prüfungsnummer und darf sich »Qualitätswein bestimmter Anbaugebiete« nennen.
60/62 Grad Öchsle, je nach Rebsorte.

Qualitätswein mit Prädikat »Kabinett«

Dieser Wein darf nur aus einem Weinbau-Bereich der Pfalz stammen. Von der Südlichen Weinstrasse zum Beispiel.
73/76 Grad Öchsle, je nach Rebsorte.

Qualitätswein mit Prädikat »Spätlese«

Vollreife Trauben eines Weinbau-Bereichs, nach der Hauptlese geerntet, ergeben die edle Spätlese, wenn er folgende

Werte aufweist:

        85/90 Grad Öchsle, je nach Rebsorte.

Qualitätswein mit Prädikat »Auslese«

        Vollreife Trauben eines Bereichs, bei denen alle unreifen und fehlerhaften Beeren ausgelesen wurden, ergeben diesen Spitzenwein. Seine Werte müssen betragen:

        92/100 Grad Öchsle, je nach Rebsorte.

Qualitätswein mit Prädikat »Beerenauslese«

        Bei dieser Edelkreszenz dürfen nur edelfaule (mit dem Edelschimmel Botrytis behaftet) und überreife Beeren verwendet werden. Entsprechend hoch sind die Anforderungen.

        120 Grad Öchsle.

Qualitätswein mit Prädikat »Trockenbeeren-Auslese«

        Das ist die edelste und teuerste Wein-Rarität. Nur rosinenartig geschrumpfte, edelfaule Beeren, in denen sich der weinige Extrakt und honigartige Süße konzentriert haben, werden von Hand dafür ausgelesen. Das ergibt sehr wenig, aber köstlichen und entsprechend teuren Wein.

        150 Grad Öchsle.

»Eiswein«

        Bei mindestens minus acht Grad in gefrorenem Zustand gelesen und sofort gepreßte Trauben erbringen eine solche Konzentration von natürlichem Zucker und Säure. Und das ergibt den sehr, sehr seltenen Eiswein, eine gesuchte Spezialität unter Kennern. Natürlich handelt es sich hier stets um einen Prädikatswein.

        120 Grad Öchsle.

Die Rebsorten

Der Riesling

gilt als edelste Weintraube der Welt. Seine Herkunft ist unbekannt. Er reift extrem spät und trägt kleine Beeren. Die Weine sind feinblumig, rassig bis stahlig und berühmt für ihr vielseitiges, feines Säurespiel. Die fruchtige Frische dieses Weines macht ihn zum idealen Begleiter von Fischgerichten und Krustentieren, jedoch eignet er sich grundsätzlich zu allen Speisen.

Der Silvaner

ist eine der berühmtesten alten Standardsorten – ebenfalls unbekannter Herkunft. Die schweren, kompakten Trauben sind saftreich und liefern einen angenehmen milden, körperreichen und doch süffigen Wein von verhaltener Säure. Er begleitet vortrefflich schwere Speisen mit kräftigen Soßen – ist im übrigen aber ein sehr anpassungsfähiger Tischgenosse.

Der Müller-Thurgau

ist nach neuen Erkenntnissen eine Kreuzung von Riesling × Riesling des Schweizer Rebenzüchters Professor Müller aus Thurgau. Diese Rebe reift sehr früh und bringt gute Erträge an milden, ausgewogenen und heiteren Weinen. Das Bukett ist frisch-fruchtig, harmonisch und bisweilen von einem zarten Muskat-Ton. Dieser süffige Tropfen besänftigt kräftige, würzige Kost, zu der er als Durstlöscher hoch geschätzt wird.

Der Morio-Muskat

ist eine interessante Kreuzung aus Silvaner × Weißem Burgunder, die an der Südlichen Weinstrasse gezüchtet wurde. Drum fühlt sie sich hier auch besonders wohl. Der Wein zeichnet sich durch ein kräftiges Muskat-Bukett und in guten Jahren – bei aller Wuchtigkeit – durch vollendete Harmonie aus. Würzige Weine passen zu würziger Kost. Edelgerichten wie kräftigen

Rebsorten-Abbildungen
Riesling links oben
Silvaner rechts oben
Müller-Thurgau links unten
Morio-Muskat rechts unten

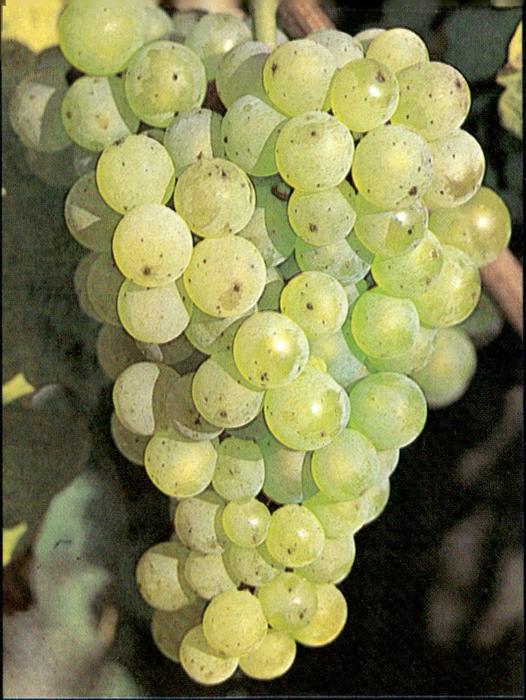
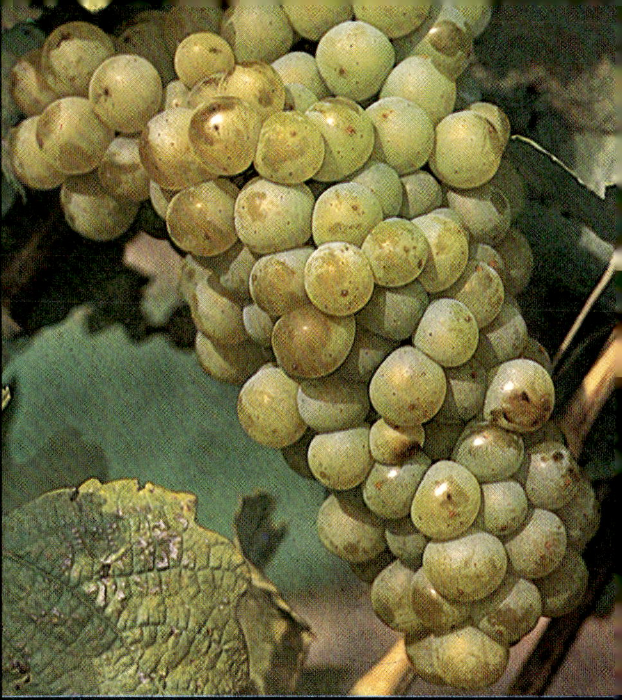
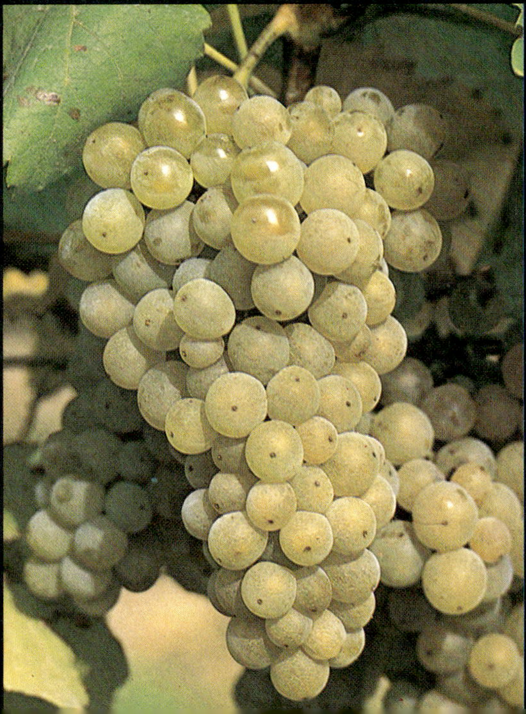
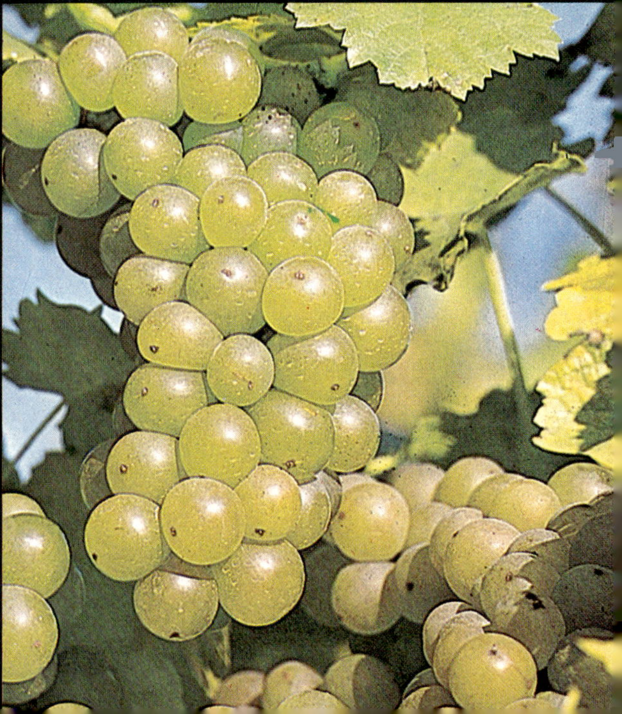

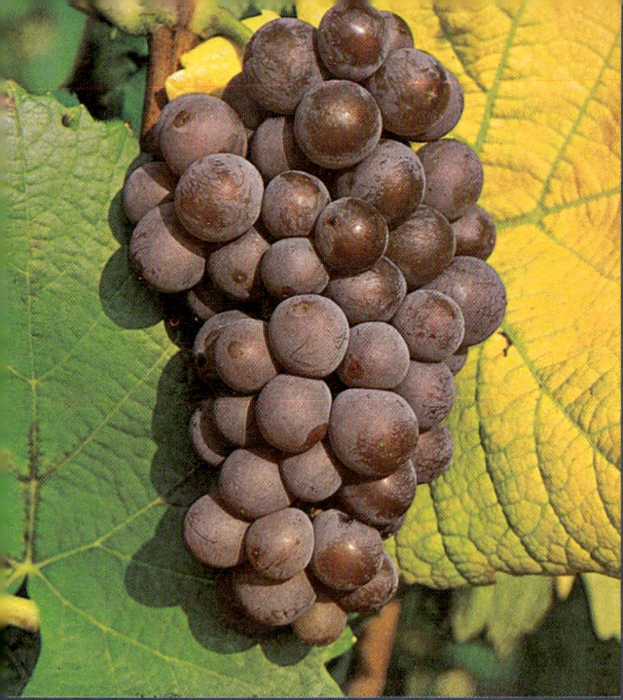
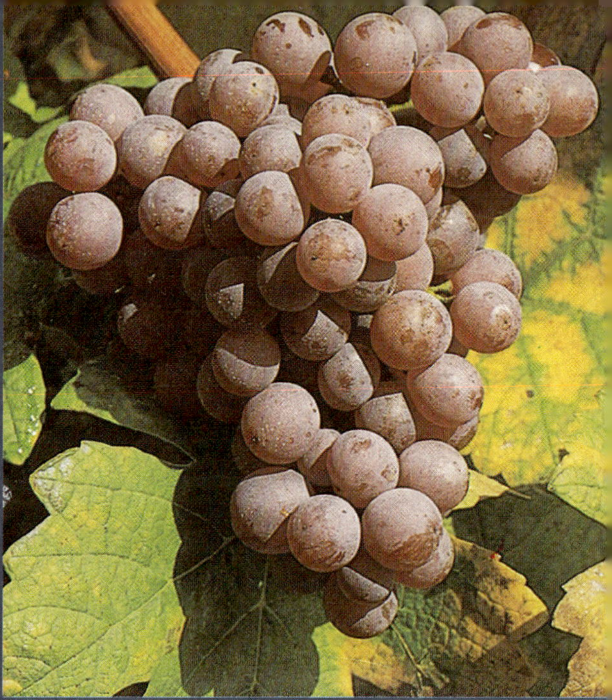
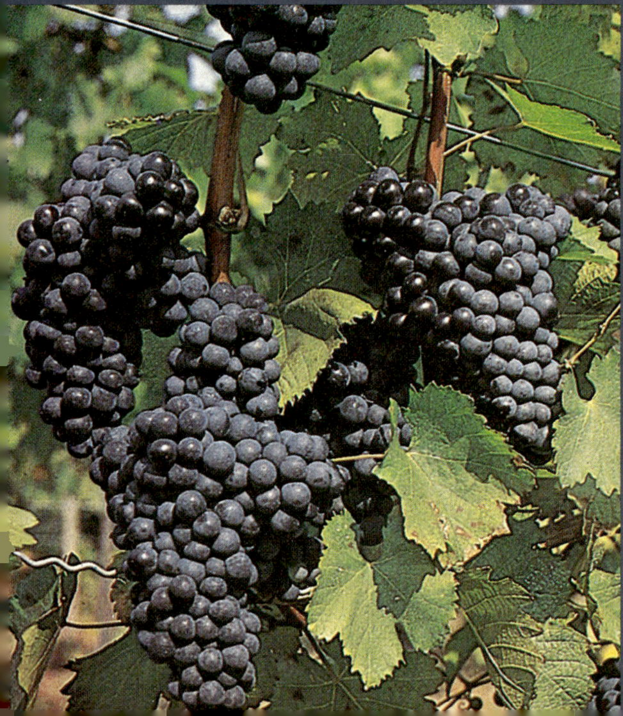
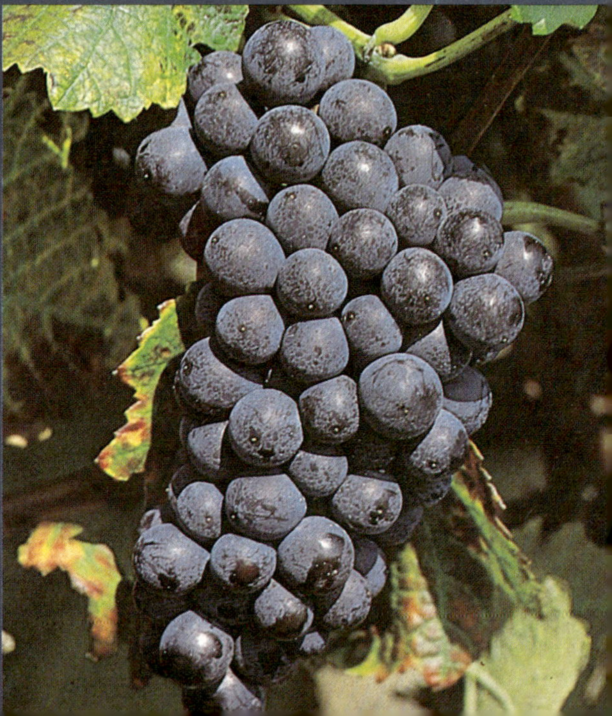

Pasteten, Wild und Wildgeflügel ist er – besonders als Prädikatswein – ein freundlicher Begleiter.

Der Ruländer

Der Pfälzer Apotheker Ruland brachte diese Rebe um 1700 aus Burgund zu uns. Vermutlich handelt es sich um eine Mutation des Blauen Spätburgunders. Man nennt sie auch »Grauer Burgunder«. Die Weine sind feurig, gehaltvoll und von einzigartig zartem Bukett. Als Prädikats-Weine gehören sie zu den Spitzengewächsen. Ihre typische Würze paßt sehr gut zu allen Käsesorten, aber auch zu Wild und dunklen Braten mit markanten Soßen.

Der Gewürztraminer

ist an den hell-rötlichen kleinen Trauben zu erkennen. Ihre Weine besitzen ein ausgeprägt sortentypisches Bukett und zeichnen sich – besonders in guten Jahren – durch viel Körper und Wucht aus. Und wie der Name sagt: durch kräftige aber harmonische Würze. Dieser Wein nimmt es auch mit Speisen auf, die sehr typischen Eigengeschmack haben: markante Käse, scharfe Gerichte und würzige Pasteten.

Der Portugieser

Diese rote Traube hat mit Portugal nichts zu tun. Sie kam um 1800 aus dem Donau-Raum zu uns und wurde schnell heimisch. Da sie sehr anpassungsfähig bezüglich des Bodens und des Klimas ist, wurde sie bald zur meistangebauten Rotwein-Rebe in Deutschland. Ihre Weine sind mundig, süffig und mild. Als Tischweine sind sie zu Braten, Wild und allen Gerichten mit schweren Soßen beliebt – nicht zuletzt wegen ihrer hohen Bekömmlichkeit.

Der Spätburgunder

gilt als beste Rotwein-Rebe Deutschlands. Ihre Trauben reifen mittelfrüh bis spät. Die Weine sind von sehr dunklem Rot und schmecken samtig, vollmundig mit gelegentlich sehr zartem

Rebsorten-Abbildungen
Ruländer links oben
Gewürztraminer rechts oben
Portugieser links unten
Spätburgunder rechts unten

Ton von Bittermandeln. Sie begleiten Wild und Braten von gebeiztem Fleisch und selbstverständlich jeden guten Käse.

Der Kerner

ist eine Neuzüchtung aus dem blauen Trollinger × Riesling, der man den Namen des Dichters Justinus Kerner verlieh. Die Rebe ist genügsam und wächst auf allen Böden unserer Heimat. Ihre Weine sind frisch, süffig und können den Vater – den Riesling nämlich – nicht verleugnen. Ein sehr frischer, bekömmlicher Zechwein, der sich, ebenso wie der Riesling, als Begleiter aller Speisen trefflich eignet.

Die Scheurebe

ist eine Neuzüchtung aus Silvaner × Riesling. Ihr Wein ist ausgeprägt sortentypisch und besonders beliebt bei Freunden eines fruchtigen Geschmacks mit frischer Blume. Bisweilen erinnert er an den Ton schwarzer Johannisbeeren. Besonders angenehm ist er in großen Jahren oder als Prädikatswein. Als Auslese oder gar Trockenbeerauslese ist er als Aperitif dann kaum zu übertreffen.

Der Weiße Burgunder

Die Forscher meinen, daß es sich hier um eine Mutation des Ruländers handelt. Er ist an den kleinen grünlichgelben Beeren erkennbar, die jedoch einen kraftvollen und ausdrucksvollen Wein ergeben. Das Spektrum seiner Möglichkeiten als Tischbegleiter ist sehr breit. Es gibt kaum ein Gericht, zu dem er nicht passen würde.

Vom Umgang mit Wein

Wein ist lebendig! Im Gegensatz zu Spirituosen lebt er in der Flasche und baut sich bis zur höchsten Reife weiter aus. Darum muß man ihm mit Rücksicht und Verständnis begegnen – wie anderen Lebewesen auch. Er wird es Ihnen danken.

Wein-Einkauf

ist Vertrauenssache. Eine Herkunftsgarantie wie das Zeichen der Südlichen Weinstrasse gibt Ihnen Sicherheit für das Wesentliche. Sonst aber scheuen Sie sich bitte nicht, bei Winzern, in Kellereien oder in Winzergenossenschaften sich fachlich und sachlich beraten zu lassen. Man tut es gern und freut sich über ehrliches Interesse. Und schließlich ist es keine Schande, sich in Vielfalt, Sortenreichtum, Lagen und Jahrgängen nicht auszukennen.

Auch im Einzelhandel sollten Sie um Wein-Beratung bitten. Und zwar energisch. Denn hier ist das Angebot reichhaltiger und damit unübersichtlicher als bei einem Winzer. Was beim individuellen Bedienungsladen selbstverständlich ist, setzt sich auch bei den Großformen des Handels, wie bei Verbraucher-Märkten und Kaufhäusern durch: Immer häufiger ist ein geschulter Wein-Berater gern bereit, Sie nach Ihren individuellen Wünschen, Neigungen und nach dem vorgedachten Verwendungszweck zu fragen und fachlichen Rat zu erteilen – der so manche Enttäuschung ersparen kann. Wenn Sie den Wein nicht an Ort und Stelle probieren können, dann kaufen Sie lieber nur wenige Flaschen zur Auswahl und probieren Sie ihn zu Hause.

Die Weinprobe

Nach dem Transport sollten Sie dem Wein einige Tage Ruhe gönnen. Das gilt vor allem für Rotwein. Dann sollten Sie ihn nicht mit Gewalt herabkühlen oder erwärmen.

Weißwein sollte bei 10 bis 12 Grad, Prädikatswein bei 12 bis 15 Grad getrunken werden. Rotwein hingegen kann bei 12 bis 14 Grad und reifere Jahrgänge sollten nicht unter 16 Grad getrunken werden. Grundregel: Lieber zu kühl, als zu warm servieren! Wärmer wird der Wein von allein.

Der Korken soll zügig – nicht ruckartig – herausgezogen und der Flaschenrand sauber abgewischt werden. Achten Sie darauf, daß die Kapsel bis an den Flaschen-Wulst abgeschnitten wird – sonst schmeckt der Wein leicht nach Kapsel! Der Korken muß frei sein von Fremdgeruch, was leider, aber naturbedingt, hin und wieder vorkommen kann.

Nun aber beginnt die wichtige Zeremonie der Weinprobe. Schenken Sie das Probierglas nur halbvoll, damit Sie den Wein im Glase schwenken können und sich das Bukett voll entfalten kann.

Erst prüfen Sie die Farbe

Man hält das Glas gegen ein Licht. Die Farbe soll reintönig und klar sein. Bei jungen, frischen Weinen ist sie – je nach Rebsorte – grünlichgelb, bei reifen Tropfen dagegen goldgelb bis rotgolden.

Dann prüfen Sie den Duft

Dazu schwenkt man das Glas und saugt dann den fruchtigen Duft in einem vollen Zug ein. Reintönig, sortentypisch, frisch und weinig soll er sein. Durst soll er machen – der Duft. Jeder Fehlton von Faß und Keller offenbart sich hier sofort.

Erst jetzt prüfen Sie den Geschmack

Man nimmt einen kleinen Schluck und geniere sich nicht, schlürfend dazu Luft einzusaugen. Denn Sauerstoff macht die Geschmacksstoffe frei und entfaltet das Aroma. Hier hat der wohltemperierte Prüfling nichts mehr zu verbergen.

Je nach Erfahrung des Prüfers verrät der erste, zweite oder der dritte Schluck die Rebsorte, das Anbaugebiet, den »Rang« und dem großen Kenner sogar den Jahrgang.

Faustregel: Schmecken muß er Ihnen!

Fruchtig, frisch, vollmundig und nach den Reben und dem Land, wo er gewachsen ist, sollte er schmecken. Eine fröhliche und lehrreiche Entdecker-Reise ins Land der Weine bietet die Pfalz. Mehr Arten, Sorten und Lagen gibt es sonst nirgendwo in deutschen Landen. Und der Pfälzer hört den Ehrentitel seiner Heimat gern: »Land der 1000 Schoppen.«

Wie lagert man Wein?

Raum ist in der kleinsten Hütte ... Wichtig ist nur, daß der Raum – ob Keller, Abstellkammer oder Schlafzimmer – möglichst geringen Temperatur-Schwankungen ausgesetzt ist. Weine liegen am liebsten bei 10 bis 16 Grad. Noch wichtiger: Alle Weinflaschen müssen liegen, sonst trocknet der Korken aus. Nur Flaschen mit Drehverschluß können auch stehend aufbewahrt werden. Der Raum sollte gut gelüftet sein, weil der Wein durch den Korken atmet. Auch sollte er nicht in der Nähe hocharomatischer Nahrungsmittel wie Käse, Knoblauch oder Fisch liegen. Kulinarische Köstlichkeiten übrigens, mit denen er sich bei Tisch wiederum hervorragend verträgt.

Das rechte Glas zum Wein

Sehen wir von landsmannschaftlich-eingebürgerten, traditionsreichen Glasformen einmal ab – wie zum Beispiel dem Rheingauer Römer, dem geschliffenen Mosel-Glas oder dem grünstieligen Elsässer – dann sollte man beherzigen:

Glas ist nicht gleich Glas! Die Form des Glases formt und fördert den Geschmack des Weines. Wein trinken, ist ja nicht nur schmecken, Wein trinken ist, mit allen fünf Sinnen genießen. Der Genuß beginnt bereits beim Einschenken. Das samtartige Anlaufen des Glases, wenn kühler Weißwein serviert wird, ist Freude für das Auge und Ankündigung prickelnder Frische. Man greift nach dem Glas, man fühlt seine glatte, schöne Form in den Fingerspitzen und empfindet dann die erste Begegnung vorfreudig von Wein und Zunge.

Wein muß man riechen, darum dürfen die Gläser nur halbvoll eingeschenkt werden. Bei großen Weinen sogar nur bis zu einem Viertel, um genügend Duftraum zu lassen. Je wertvoller der Wein, desto größer das Glas!

Gläser mit lilienartigem Schwung verschwenden das Aroma, enthalten es dem Weinfreund vor. Denn bei der Bewegung des Glases vom Tisch zum Mund verweht das duftige Aroma. Das Gehör schließlich genießt den Wein beim Klingen der Gläser. Je dünnwandiger der Kelch und je feiner der Stiel, um so reiner ertönt der feine Klang, der den nahen Genuß verkündet.

Metallbecher zerstören und vergewaltigen das Weinaroma. Induktionsströme zwischen den Salzen im Wein und dem Metallbecher verfremden den Geschmack.

Für jeden Wein gibt es eine Idealform. Diese verbessert den spezifischen Geschmack des Weins und bringt seine schönsten Charaktereigenschaften zur Entfaltung. Hier läßt man sich am besten im Fachgeschäft beraten.

Rezepte-Verzeichnis

Suppen und Soßen

Pälzer Kräuter-Brieh	8
Pälzer Käschte-Brieh	9
Pfälzer Lauchsuppe	10
Grumbeer-Supp' mit Mett	11
Pälzer Zwiwwel-Supp'	12
Tomaten-Supp'	13
Pälzer Worscht-Brotsupp'	15
Pfälzer Brät-Knepp	16
Schnecken-Suppe	17
Zwiwwel-Lauch-Supp'	18
Griene Supp'	19
Saure Grumbeere-Brieh	20
Die geliebte Metzelsupp'	21
Pfälzer Winzer-Fondue	24
Pfälzer Sommersuppe	27
Feine Winzer-Brieh	28
Feine Endivien-Supp'	29
Rosenkohl-Supp'	30
Pälzer Pannekuche-Brieh	31
Pälzer Linsensupp'	32
Pälzer Lewwer-Weck-Supp'	33
Grien' Grumbeere-Brieh	36
Gud' Fläsch-Brieh	37
Kalte Rotwein-Suppe	38
Kräuter-Grumbeeresupp'	39
Pfälzer Weinschaum-Soße	40
Pfälzer Meerrettich-Soße	41
Braun' Zwiwwel-Soss'	42
Weiße Weinsuppe	43

Kartoffeln, Gemüse, Salate

Weinschaum-Spargel	46
Schlappkraut	47
Pfälzer Schwarzwurzeln	48
Grumbeer-Hobbelpann	49
Pfälzer Weingurken	50
Majoran-Kartöffelcher	53
Pälzer Käschte-Gemies	54
Gebrätelte Kohlrabi	55
Blumenkohl-Torte	56
Blumenkohl in Weinteig	57
Grumbeere-Speckpann'	58
Schwarzwurzel-Auflauf	59
Lauch mit Käs'-Deckel	60
Kastanien mit Grumbeere	61
Kohlrabi-Auflauf	64
Pälzer Zwiwwelauflauf	65
Grumbeere-Füllsel	66
Karamel-Zimt-Zwiebeln	67
Weißkohl mit Gänseschmalz . . .	68
Grumbeere-Kiechle	69
Grumbeere mit Kräuter-Rahm . .	72
Pfälzer Linsentopf	73
Rohe Grumbeere-Pann'	74
Pälzer Möhren-Pann'	75
Spinat-Auflauf	76
Pfälzer Kohlrabi	79
Geschmorter Lauch	80
Pälzer Zwiwwel-Salat	81
Pfälzer Krautsalat	82

Grieweworscht-Salat	83	**Fleischgerichte**	
Pälzer Worscht-Salat	84	Kräuter-Nieren	118
Pfälzer Specksalat		Pälzer Saumagen	119
frei nach Liselotte von der Pfalz	85	Pfälzer Fläsch-Knepp	120
Pilzgerichte		Pälzer Kesselfläsch	121
Pälzer Pilzfläsch	88	Lewwerknepp mit Speckzwiebeln	122
Pfälzer Pilztopf	89	Schweinebraten vom Bauch	125
Pälzer Pilz-Knepp	90	Pälzer Woi-Gockel	126
Waldpilz-Suppe	91	Martinsgans mit Käschte	127
Knödel- und Nudelgerichte		Pfälzer Schweinepfeffer	128
Zwiwwel-Nudeln	92	Pälzer Schweins-Sülze	129
Nudel-Spatzen	93	Schüssel-Fläsch	130
Pfälzer Himmelreich	94	Pfälzer Bratwurstkranz	131
Schupfnudele mit Kraut	95	Blutworscht mit Zwiwwele	134
Pfälzer Kraut-Krapfen	98	Pälzer Herzpfeffer	135
Pfälzer Schneebällchen	99	Pälzer Hackfläsch-Pann'	136
Grüne Knepp	100	Lauch-Koteletts	137
Kartoffel-Knepp (ganz feine Art)	101	Worscht mit Grumbeere gebrätelt	138
Hoorige Knepp	102	Pälzer Kümmelfläsch	139
Pfälzer Dampfnudeln	103	Pälzer Kaninchen-Ragout	142
Eintöpfe		Pälzer Woi-Fläsch	143
Gebrätelte Wein-Grumbeere	110	Pälzer Fläsch-Pannekiechle	144
Pälzer Metzger-Pann'	111	Reh-Filets	145
Brockel-Bohne mit Fläsch	112	Hasenrücken in Rahmsoße	146
Pfälzer Bäcker-Ofen	113	Hasen-Pfeffer	147
Pälzer Bohnen-Gulasch	114	Pfälzer Wildgulasch	148
Weißkohl mit Ochsenbrust	115	Hasen-Ragout	151

Fischgerichte
Karpfen nach Oma Veronika . . . 152
Heilbutt in Weißwein 153
Forelle in Riesling 154
Pfälzer Heringssalat 155
Forellen in Rotwein 156

Kleine Gerichte
Gequellte mit weißem Käs' 157
Pfälzer Zwiwwel-Markschnitten . 160
Pälzer Griebe-Schmalz 161
Pfälzer Winzer-Toast 162
Pfälzer Handkäs' 163
Froschschenkel auf Spinat . . . 164

Süßspeisen
Kersche-Plotzer 165
Pfälzer Wein-Gelee 166
Feiner Käschte-Pudding 167
Süßer Kartoffel-Auflauf 170
Versoffene Schwestern 171
Birne in Portugieser 172
Portugieser-Pflaumen 173
Wein-Aprikosenspeise 174
Pfälzer Weinschaumberg 177
Geschmälztes aus Weinteig . . 178
Edenkobener Auflauf 179
Karthäuser Klöße 180
Pfälzer Wein-Omelette 181
Pfälzer Apfel-Schaum 182
Trauben-Auflauf mit Quark 183
Pfälzer Fasten-Auflauf 186
Portugieser-Schaum 187
Pfälzer Wein-Trauben 188

Kuchen und Torten (salzig und süß)
Kartoffelspeck-Kuchen 189
Pfälzer Eierbrot 190
Pfälzer Lauch-Kuchen 191
Pfälzer Zwiebelkuchen 194
Pfälzer Krautkuchen 195
Pälzer Grumbeere-Tort' 196
Pälzer Lauch-Torte 197
Pälzer Käschtebrot 198
Gelbrüben-Torte 199
Pälzer Prasselkuchen 200
Pfälzer Rotwein-Kuchen 203
Pfälzer Brockelkuchen 204
Pälzer Käschte-Torte 205
Trauben-Kuchen 206
Pälzer Flammkuche 207
Pälzer Mandel-Platt' 210
Rahm-Kuchen 211

Getränke
Pälzer Wingert-Trunk 212
Federweißen 213
»Maadener Aperidif« 214
Über Aperitif-Barbareien 215

Quellenangaben
Anna Bergner: Pfälzer Kochbuch, Mannheim 1858, Nachdruck M. Birghan, Neustadt/Weinstraße
Joh. Ph. Bronner: Der Weinbau am Haardtgebirge, Heidelberg 1833, Nachdruck M. Birghan, Neustadt/Weinstraße
Ernst Johann: Deutschland deine Pfälzer, Rowohlt, Hamburg 1974
Veronika Thirolf: 2 handgeschriebene Kochbücher, Edenkoben, um 1860 bis 1900, im Privatbesitz Winfried Thirolf, Mainz
Egon und Johanna Arnold: Pilz-Berater, Kandel/Pfalz, Private Pilzrezept-Sammlung
Mathilde Jung: Eine Landschaft kocht, D. Meininger, Neustadt/Weinstraße, Erstauflage 1941

Zuckerplätzchen

250 gr. Zucker, 125 gr. ungeschälte u. geriebene
Mandeln, 375 gestoßener Zucker werden mit dem
Schnee von 5 Eiweiß steif gerührt, dann die
Gehalmische nebst Mandeln darunter. Die Masse
wird aufgestellt u. in längliche Stäbchen
gehauen. Zur Glasur nimmt man 1/8 Eiweiß,
125 gr. f. Zucker, das Eiweiß wird zu Schnee
geschlagen u. mit Zucker steif gerührt.

Nußbaumkronen

6 Eiweiß zu Schnee geschl. 1/2 Messerspitze Hirsch-
hornsalz, 3/4 ℔ Zucker 10 ₰ Zimt, feingeschnittene
Citronenschale 1/8 ℔ geriebene Mandeln 100
geriebene Nußkerne u. zuletzt den Saft einer
1/2 Citrone. Alles zusammen gut durchgerührt zuletzt
noch 3 Löffel Mehl.   Mit einem Eßlöffel
aufsprechen Hutchen auf Oblaten gelegt, auf